大学生创新创业教育体系的构建

曾宪立 著

哈尔滨出版社
HARBIN PUBLISHING HOUSE

图书在版编目（CIP）数据

大学生创新创业教育体系的构建 / 曾宪立著．— 哈尔滨：哈尔滨出版社，2023.6
 ISBN 978-7-5484-7260-5

Ⅰ．①大… Ⅱ．①曾… Ⅲ．①大学生－创业－研究 Ⅳ．① G647.38

中国国家版本馆CIP数据核字（2023）第100080号

书　　名：大学生创新创业教育体系的构建
DAXUESHENG CHUANGXIN CHUANGYE JIAOYU TIXI DE GOUJIAN

作　　者：曾宪立　著
责任编辑：韩伟锋
封面设计：张　华
出版发行：哈尔滨出版社（Harbin Publishing House）
社　　址：哈尔滨市香坊区泰山路82-9号　邮编：150090
经　　销：全国新华书店
印　　刷：廊坊市广阳区九洲印刷厂
网　　址：www.hrbcbs.com
E－mail：hrbcbs@yeah.net
编辑版权热线：（0451）87900271　87900272
开　　本：787mm×1092mm　1/16　印张：11　字数：250千字
版　　次：2023年6月第1版
印　　次：2023年6月第1次印刷
书　　号：ISBN 978-7-5484-7260-5
定　　价：76.00元
凡购本社图书发现印装错误，请与本社印刷部联系调换。
服务热线：（0451）87900279

前　言

　　大学毕业生是我国人力资源的重要组成部分，是社会中最有朝气、最有活力的群体。近年来随着我国高等教育规模的扩大，高校毕业生的人数在逐年增加，这在相当程度上满足了我国社会发展的人才需要，但同时也带来了一系列的社会问题。大量毕业生走向社会给就业市场增添了无形的压力，而毕业生自身的就业压力则更为严峻，不少大学生和家长在就业问题上很迷茫。在各级政府和高等院校的共同努力下，我国在毕业生就业工作方面，积累了一系列宝贵经验，取得了可观的成绩。然而，在新的历史时期，面对国内外新的政治经济形势，高校毕业生就业又面临新的机遇和挑战。

　　中国的高等教育已经由传统的"精英化"教育转变为"大众化"教育，大学毕业生的就业已经从"精英就业"转化为"大众就业"。市场经济的浪潮把大学毕业生推到人才竞争的风口浪尖。对于即将毕业的高校大学生来说创业教育是很有必要的，创业教育，从广义上来说就是培养具有开创性的个人。创新教育就是以培养人们创新精神和创新能力为基本价值取向的教育。国外仅是提出了创业教育的概念，我国则将创新教育与创业教育相融合，提出了创新创业教育的概念，因为创新和创业密不可分，创新是创业的基础和核心，创业则是创新的重要体现形式。

　　本书根据教育部关于大学生创新创业教育的最新精神，努力吸纳当代创新创业教育的最新成果，试图以全新的视角对一种新的教育理念的创新创业进行科学定位和准确解读；立足中国实际，借鉴国外成功经验，对大学生创新创业的基本知识、基本理论进行了系统分析和全面讲解。

　　由于作者水平和学识有限，书中难免有不当之处，敬请各位专家、学者和广大读者对本书的内容和结构提出宝贵意见。

目 录

第一章 概 论 ·········· 1
  第一节 研究背景及意义 ·········· 1
  第二节 国内外研究状况 ·········· 4
  第三节 研究内容和研究方法 ·········· 17

第二章 创新教育基本理论 ·········· 21
  第一节 相关概念概述 ·········· 21
  第二节 创新创业教育的内容、目标及功能和特征 ·········· 25
  第三节 创新创业教育的理论基础 ·········· 31
  第四节 创新创业教育的演化过程及趋势 ·········· 35
  第五节 开展创新创业教育的必要性 ·········· 46

第三章 大学生创新创业教育模式和特征以及现状、对策 ·········· 51
  第一节 我国大学生创新创业教育的模式及特征 ·········· 52
  第二节 大学生创新创业教育的现状 ·········· 54
  第三节 大学生创新创业教育存在的问题及原因分析 ·········· 63
  第四节 大学生创新创业教育问题的对策 ·········· 72
  第五节 我国大学生创新创业教育采取的具体措施 ·········· 89

第四章 国外高校创新创业教育的发展状况和经验 ·········· 98
  第一节 国外高校创新创业教育概况 ·········· 98
  第二节 国外大学创新创业教育的经验 ·········· 118

第五章 我国对创新创业的支持 ·········· 121
  第一节 创新创业的条件分析 ·········· 121
  第二节 国家支持大学生创新创业的原因 ·········· 127
  第三节 国家支持大学生创新创业的措施 ·········· 134

第四节　国家支持创新创业的不足及对策 ·················· 139

第六章　高校创新创业教育的有效性研究 ·················· 150
　　第一节　课程设置及内容的有效性 ······················ 150
　　第二节　组织形式及方法的有效性 ······················ 158

参考文献 ·· 165

第一章 概 论

创新创业教育是随着高新技术的产生、发展和应用而出现的一种适应知识经济时代发展的教育模式，以培养适合新时代发展的具有创新创业意识、思维、人格和能力的高素质人才为目标，通过学校、政府、企业和社会等多渠道，指导和帮助大学生树立创新意识、形成创新思维、激发创业精神、掌握创业知识、提高创新创业能力的一种新型教育理念和模式。

第一节 研究背景及意义

一、研究背景

我国高等教育在改革开放40多年来取得了突飞猛进的发展，尤其是21世纪以来，高等院校进行了许多历史性突破的改革，迈入了国际公认的跨越式发展和大众化提升阶段，为各行各业培养输送大量人才的同时，在科学研究、自主创新等方面取得了巨大成就，为我国社会主义现代化和创新型国家建设事业提供了有力的人才支撑和知识贡献，呈现出充满活力、生机蓬勃的大好局面。

21世纪是信息和知识的新经济时代，建设创新型国家是各国科技实力的保证，而创新型国家最首要的是培养创新创业型人才。因此，作为创新型人才培养的基本前提，如何构建完善的创新创业教育体系成为一个很值得研究的课题。

创新是创业的基础，创业是创新的载体，二者密不可分。创新创业教育是信息化和全球化背景下适应时代发展的必然要求和有效途径。创新创业教育最初起源于美国，美国通过开设覆盖初中、高中、大学以及研究生的创新创业教育课程，建立了创业研究中心，政府出台相关的优惠政策支持创业等措施，大力发展创新创业教育。与当前国际创新创业教育水平相比，我国的实践和积累还不够多，仍处于起步和试点阶段，特别是对研究型大学创新创业教育的规模、教学模式、课程设计等缺乏深度认识，在研究队伍、平台、内容和方法等方面也呈现诸多问题，尚未形成完善的、系统的创新创业教育模式和评价体系。

二、研究意义

（一）理论意义

创新创业教育精神所驱动的创新创业活动已经成为推动经济发展的强大动力，21世纪是创新创业时代。随着对创新创业教育政策的研究，更新教育观念，不断填补和丰富创业教育理论中的空白，其意义深远。在当前我国构建社会主义和谐社会的进程中，创新创业教育的提出和发展，也是紧跟时代发展形势和社会经济需要的产物。

近年来国内许多高校相继开设了创新创业教育指导课程，取得了一定的研究成果。但同时我们也应看到研究中的不足和薄弱环节，比如大学生创新创业教育成效并不理想，覆盖率偏低，毕业后创新创业活动非常成功的案例也不多见，缺乏科学的理念关照和系统的对应策略。另外，对产生大学生就业和创新创业难的问题根源、发挥高校教育主体作用与满足社会需求之间的关系、瞄准创新创业教育的针对性和实效性、开展市场调研掌握人才需求方向以及对国外相关研究成果的关注与借鉴等还不够深入，并且定性研究多，而定量研究和案例分析缺乏，等等。这也反映出我国大部分高校和研究者对大学生创新创业教育模式未给予充分重视，高校教育形式单一，做法较简单，不够系统和深入，且缺乏科学化、专业化的方案与模式，在如何吸收国外发达国家大学生创新创业教育成果和经验方面还有待加强。

（二）现实意义

大学生就业问题，是一个长期的战略性问题。近年来，我国大学毕业生人数剧增，特别是全球金融危机使我国经济形势和就业问题受到前所未有的挑战。面对这一严峻的现实冲击，政府、学校、企业以及社会各界都有责任挑起这一重担，共同解决好这个难题。我国高校教育，首先应积极转变传统的教育教学思想，不能仅仅局限于培养能够找到工作岗位的大学生，而是应该把目标定为既能主动适应社会发展需求，同时也能自己积极开拓创新创业机会的新型大学生。自主创新创业已成为知识经济时代大学生就业的必然趋势，对促进社会经济的改革，缓解当前就业压力等方面具有非常重要的现实意义。

因此，发挥好创新创业以带动就业的乘数效应，能够起到抓纲带目、事半功倍的效果。中华民族要在世界竞争中立于不败之地，提高国际竞争力，就必须实施"人才强国"战略，努力提高国民整体素质，培养具有创新创业意识和能力的高素质人才，构建整个民族的开拓精神体系，才能应对复杂的国际环境和挑战，满足社会经济发展的需求。近年来，随着我国大学招生量和毕业人数的不断增长，大学生就业形势日益严峻，通过鼓励他们创新创业，不仅能充分解决他们自身的就业问题，还能为社会创造更多的就业机会和岗位，这也是顺应当今世界就业潮流趋势的。当代大学生具有教育水平高、知识新、敢于冒险、思想开放的特殊优势，开展创新创业教育，在素质全面拓展的基础上发挥他们的企业家才能，使其拥有更宽广的视野，这就对教育体制构建和人才培养模式提出更新更高的要求。同时，我国正处于实现社会全面进步的新阶段，同样要求教育培养出来的大学生必须敢于创新，积极创业，全面发展，为适应时代要求积极开展创新创业教育培养，服务经济的可持续发展，推动科技进步与促进社会和谐稳定都会起到极其重大的作用。

第二节　国内外研究状况

一、国外研究状况

（一）创新教育研究综述

美国是最早实施创新教育的国家之一。在全国科学技术委员会等机构的资助下，美国促进科学协会自1985年起，用了近4年时间，聘请了400位国内外著名的教授、教师、科学家及科学、教育机构的负责人，完成并公布了一份关于科学、数学和技术知识目标的创新性研究报告，题为《2061计划：为了全体美国人的科学》。该报告着眼于将科学价值观、科学探索精神与最基本的科学基础知识传授和训练融为一体，提出了教育创新改革的若干原则：如改变课程内容，减少时数，强调学科间的相互衔接，软化或排除课程中僵死的界限，改革教学方法，对学生了解细节的要求降低，把过去在专门概念和记忆方法上耗费的精力转到科学思维、技能方法的培养上来，根据系统研究并认真验证和亲身体验的原则来进行。斯坦福大学校长约翰·亨尼斯（2003年）则指出：基础研究为人们打开探索世界的好奇心，应用研究则是完成具体解决的方案，这是连续的不能间断的过程。基础研究与应用研究是"创新与服务"的两翼，如果不重视基础研究，就如同折翼的翅膀，是无法推动世界发展进程的。基础研究要求实行学科（专业）结构综合化和开设通识课程。在学科（专业）结构上，高校应从培养人才的层次、类型等实际情况出发，各有特点地向综合化方向发展，以实现理工结合、文理交叉。

美国已有50多所大学通过设立创新研究机构或中心来推进其创新创业教育及创新能力的研究，其他一些欧美国家也力求通过各种途径与方式来培养学生的创新能力，并将高质量创新人才的培养作为教育改革的思路和方向。

韩国政府于1995年在其教育改革方案中开始明确"创造要素"的重要性，指出教育必须由知识记忆为主向培养创造力为主转移，大学教育则必须由现有知识和外来知识的传播向科技、文化创造方向转移，而日本经济团体联合会也于1996年提出了《培养具有创造精神的人才》的教育方向。

（二）创业教育研究综述

1970年，由42位专家参加的美国第一次创业学术会议在普度大学召开，主题是对麻省理工学院的分拆公司、硅谷等极具代表性的创业成功案例进行分析交流，该会议初步涉及了大学在促进创业发展中的作用；1973年，在加拿大的多伦多举行了第一届创业研究国际会议，来自密歇根大学、波士顿大学、卡内基梅隆大学及得克萨斯大学的学者们针对创业案例研究与大学创业教育的双向互动关系进行了探索；1980年，第一届"当前创业研究发展水平研讨会"在贝勒大学举行，此后每五年召开一次；次年，美国百森商学院开始举办"百森创业研究年会"，佐治亚理工学院、沃顿商学院、圣路易斯大学、匹兹堡大学、华盛顿大学及伦敦商学院等高校渐次成为其协办者。

1987年，美国创业学教育领域的领袖人物杰弗里·蒂蒙斯教授在创新性课程开发、创业融资、风险投资、新企业创建、创业管理等方面展开了系统研究，并将其成果在百森商学院全面推行。其成果具有以下特点：

1. 在传统产业衰退与创业一代兴起的变革时期，逐步培养具有前瞻性的教育理念。

2. 设计系统的课程体系，如创业者、战略与商业机会、资源需求与商业计划、创业企业融资和快速成长等，可以培养学生的创业能力。

3. 围绕研究问题，运用鲜活的案例分析教学方式来促进学生积极思考。

4. 为学生创造模拟创业实践的各种机会。

1988年，美国风险投资家戴维·西尔弗提出了创业资本定律：$V=P\times S\times E$（其中，$V=$实现的最终价值；$P=$需解决的问题；$S=$解决方法的合适度；$E=$创业团队的整体素质），并基于此定律模型，对创业目标展开了深入研究：潜在的成功企业家及其合作者"E"，在确定一个重大的问题"P"的同时，通过创建一个新公司来寻找"P"的绝妙解决办法"S"，以创造和实现财富价值"V"。

1989年，日本索尼集团总裁盛田昭夫提出了创业教育的"空隙理论"：教育事业同市场竞争一样，对市场空隙的填补可以创造出意外的收益，而填补创业教育的空隙同样可以取得意想不到的成效。

20世纪90年代，联合国教科文组织召开了数次关于世界高等教育应如何面向21世纪的大型会议，多次指出"学位≠工作"，毕业生将愈来愈不再仅仅只是一名求职者，而首先将成为工作岗位的创造者，并提出高校要给学生发"创业能力"这第三本护照，要强调学生的创业技能与主动精神培养。

美国、加拿大等国的创业教育，开始由注重个人的能力培养转向为团队、公司、行业和社会的协作，并强调创业作为一种管理风格，不仅仅在创办新企业时需要，大企业、非营利机构同样需要。但是，其他国家对创业教育的认识则还"驻留"在个体意识、品质和技能培养层面。印度在《国家教育政策》中明文规定要培养学生的"自我就业所需要的态度、知识和技能"。

澳大利亚教育委员会及就业培训组织等机构则认为：创业教育是一种直接面向年轻人的能力、技巧和创造性、革新性、开创性等个性品质培养的教育形式，它在帮助年轻人成功把握生活和工作中各种机会的同时，还能促使年轻人为自己工作。德国大学校长会议和全德雇主协会则于1998年联合发起了一项名为"独立精神"的倡议，呼吁高等学校成为"创业者的熔炉"。

（三）创新创业教育研究综述

1998年，联合国教科文组织发表的《21世纪的高等教育：展望与行动世界宣言》报告指出，21世纪的青年除了接受传统意义上的学术教育和职业教育外，还应当拥有第三本教育护照，即创业教育，也正是在这次大会上正式提出了创业教育的概念。

在美国，大学生创新创业教育被称为国家经济发展的"直接驱动力"。美国是最早开展创新创业教育的国家，历史已有70多年，其创新创业教育最早开始于1947年的哈佛大学，两年后斯坦福大学也开始了创新创业教育，声称自己"集中于创业教育"的百森商学院也于1967年设立了创业课程。美国已将创业教育纳入国民教育的体系，并且涵盖了从小学到研究生教育的全过程，其高校已普遍开设了创新创业教育课程，许多高校还设有创业类本科和研究生专业，同时还能培养从事创业教育教学和研究的博士生。

1987年英国政府发起了"高等教育创业"计划，旨在培养大学生的可迁移性创业能力，鼓励学生自主学习。此后政府出台了一系列政策，对高校的创业人才培养给予支持和引导。德国政府提出了"要使高校成为创业者熔炉"的口号，正在积极研究和推广在非经济管理类专业的创业教育新模式。

日本目前已有247所各种不同类型的高校实施了形式和程度各异的创业教育，约占全日本756所各类四年制大学的32.7%。印度政府也在1996年提出了自我就业教育的概念，鼓励高校毕业生自主创业。

总体来看，虽然国外学术界还没有把创新创业学的研究独立出来成为一个新的学科体系，而仍然只是以企业活动周期的细致探究为依托，但其研究已由定性深入到定量层面。并且，有关创新创业教育的研究已取得很大成效，并逐步进入成熟阶段。主要表现在：创新创业教育的理念已开始普及，系统化的创新创业教育实践体系已逐步形成，创新创业型人才已从高校中源源产生，并相继取得了显著的创新创业效果。

二、国内研究现状

（一）创新教育研究综述

从20世纪80年代初的能力培养到90年代的素质教育，再到当前素质教育基础上突出创新教育的改革，在短短 20 年间的创新教育改革探索与实践中，我国积累了许多宝贵的经验和成果。

叶平教授（1999 年）认为，作为全面推进素质教育的突破口，创新教育改革应以培养学生创新精神为首要目标，以教学思想、模式、内容和方法为重心，以学生的探索精神、创新意识和创造能力的培养为核心，应成为全体教师和学生都能参与的教改实验活动。

朱永新、杨树兵教授（1999 年）指出，创新教育是以创新原理为依据，以培养学生的创新意识、思维、能力及个性为主要目标，从而使学生牢固、系统地掌握科学知识的同时，发展其创新能力的教育理论和方法。

张立昌教授（1999 年）认为，创新教育是一种能够发挥教育的主导作用，利用遗传基因与环境要素的积极影响，充分调动学生自身认识与实践的主观能动性，注重学生的主体创新意识、人格、精神、技能的开发培育，以满足学生主体充分发展并适应未来社会的发展需要的教育模式。

朱进国（2003 年）认为大学教育要以素质教育为目标，力图构建一种创新教育模式，即培养兴趣、指导自学、相互讨论、引导评价和进行研究。

阎立钦教授（2003 年）则将创新教育看作是素质教育的重要组成部分，是在基础教育阶段以培养人的创新精神和能力为基本价值取向的教育实践。它以弘扬学生的主体精神、发挥其创新潜能、促进其个性和谐发展为宗旨，以研究和解决学生创新意识、创新精神和创新能力的培养问题为核心，在对传统教育扬弃的基础上探索和构建一种新的教育理论和模式，并不断进行丰富完善。张德若、蒋雪湘在分析创新能力内涵的基础上运用耗散结构理论,构建了高等院校创新教育体系,包括目标、原则和途径,而其途径在于突破思维定式,改革教学内容,注重个性发展,加强创新型教师队伍的建设和营建校园人文气氛。

吴慧芳、姜敏等(2007年)结合"中国特色自主创新"问题的讨论,指出我国高校面临的重要任务——创新教育。探析了大学创新教育的实施途径与方法,强调了转变教育观念,培养学生的创造能力和创新意识,提出了改革大学的课程结构,构建引导创新的课程和教学体系,论述了大学教师和高校校园文化环境建设在创新教育中的作用,并对校园文化环境的创新建设做了探讨。

陈琳等人(2009年)同样认为创新意识、精神、思维、人格和创造能力的培养是创新教育的最终目标,并指出此目标的实现必须依赖于以创新为主导的高校共同的价值取向,而不能仅凭人为建设和外延发展。此价值取向的形成有赖于将创新为核心的价值观念、行为规范和学术氛围等文化力量内化为全体师生的学术良心和道德规范,以激发他们主动探索事物本质、探求未知世界、追求真知真理的激情和欲望,并最终产生创造性学习和实践的动力。

金德智、韩美贵、杨建明等人(2010年)指出大学教育创新的目标在于提高生命品质,实践"真诚、善良和宽容",关键在于培养学生的理性思维能力,使其能够独立思考。培养的手段在于学习形式逻辑。形式逻辑,即指研究逻辑思维的形式(概念、判断、推理、论证等)及其基本规律以及理性认识事物的思维方法。

(二)创业教育研究综述

我国创业教育理念的萌芽,始于1999年1月公布的《面向21世纪教育振兴行动计划》,随后开始引起越来越多的关注。其研究主要集中于以下几个方面：

1. 国外创业教育理论介绍和开展我国创业教育事业的呼吁

几乎所有的有关创业教育的文章都在呼吁我国大力开展、快速推进创业教育。张平（2002年）指出，我国高等教育改革应将创业教育作为其价值取向，并以其为轴心，建立精神、知识、能力三位一体的综合素质培养模式；汪宜月（2002年）以研究生教育为切入点，分析了创业教育的内涵和意义，并指出创业教育是对我国传统教育观念的突破和创新，是提高学生培养质量的重要措施，呼吁高校开始对创业教育模式展开研究，并提出了一些可行建议；熊飞、牛泽民（2003年）则从创业教育对社会经济发展的作用着手，提出以开展创业教育这项系统工程来促进中国经济增长的呼声。

肖云龙、向东春（2003年）通过对美国百森商学院的创业教育背景和发展历程进行介绍，对其前瞻的创业教育理念、灵活的创业课程设计、双向互动的教学过程及高效的创业师资队伍予以系统分析，来号召我国高校积极重视创业教育；张健（2003年）等对美国创业学术研究发展历程中的创业学术会议、学术期刊、研究学者和创业教育四个方面进行了回顾，并对我国的创业学术研究的发展趋势进行了展望。

徐静妹（2004年）针对创业教育对研究生教育的意义进行了深入探讨，认为创业教育的开展能优化研究生的知识结构，提高其综合素质能力，培养出适应高新技术发展要求的人才，因而有利于技术创新和科技成果转化。她还提出，高校应从内容、方法和环境支持三大方面落实研究生的创业教育。韦进（2004年）认为提升学生的创业意识和能力是高等院校的重要职责，并指出在加强大学生创业教育的进程中，应明确教育目标，采取系统的创业教育课程体系及其他策略来指导学生掌握市场运作技巧，引导其获得全方位的创业实践体验和认知，帮助其进行自主创业。

张炜、高建（2006年）介绍了斯坦福大学创业教育的发展历程、课程体系和非课程的互动式教育手段，并对其开放的网络式创业教育层次结构及其特点进行了总结，认为其良好的创业教育是硅谷可持续发展的重要基础之一。陈茉（2006年）认为，国外的创业教育经历了以创业知识传授为主要内容，具有功利性职业教育特征的"发轫期"、增加培养综合能力的实践性教学的"发展期"和注重培养事业心及开拓精神的"成熟期"。

2. 从"创业"的内涵及创业教育的目的和功能出发，探讨创业教育

"创业"，简而言之，为开创基业、事业。任小明（2002年）认为，创业指一无所有的创业者就某项具有市场前景的新技术、新设计或想法向风险投资家游说，以取得风险投资，并转化为商品的商业性行为。张桂春、张琳琳（2004年）将国内的创业看法归纳如下：一是指事业或职业发展中的某一阶段；二是指开创一种前所未有的工作或事业领域，或在工作事业中做出前所未有的业绩；三是指"非工资就业"，即依靠个人劳动、创作、服务、经营获得职业收入。同时，学者们也据此对创业教育提出了许多各有倚重的理解，房欲飞（2004年）认为，创业教育是通过高校中课程体系、教学内容、教学方法的改革以及第二课堂活动的开展，不断增强大学生的创业意识、创业精神和创业能力，并将其内化成大学生自身的素质，以催生时机成熟条件下的创业人才。而毛建国（2005年）则从功能方面来认识创业教育，认为其能使新增劳动力从单一型向复合型、从操作型向智能型、从传承型向创新型、从从业型向创业型、从职业型向社会型转换，是迎接新世纪挑战，使未来人才素质适应新要求的重要举措。他还将创业教育定义为：优化组合教育资源，运用教育技术，把教育学、人才学、管理学、创

造学、社会学、经济学、心理学等有关学科理论有机地结合起来,通过学校、企业、家庭、社会等教育途径,帮助学生树立创业志向,修养创业品质,培养创新精神和创业能力的教育。

3. 从"创业教育"与"创新教育""就业教育""择业教育""素质教育"等概念的区别与联系来理解"创业教育"

在就业、择业与创业教育的关系方面,严桂春(2002年)认为:"就业教育"强调学生个体与岗位需求间的填充性与匹配性,以培养专业对口、岗位胜任的个体为特征;"择业教育"突出的是学生的"自主选择性",重视传统知识结构的改善及在就业市场的激烈竞争中的自主择业能力和竞争能力的培养;"创业教育"则在二者基础上,强调"对社会变化的积极应对能力",更注重学生创新性、创造性的培养,帮助其获得寻找或者创造工作岗位的方法。

在素质教育、专业教育与创业教育的关系方面,曹威麟、李德才(2002年)认为,我国推进的素质教育是针对传统教育中过窄的专业教育,过弱的人文关怀,过重的功利倾向等问题提出的。随着教育改革的逐步深化,素质教育不断朝尊重人的主体价值,强调科学教育与人文教育的融合,注重创新精神和能力的培养,实现智力因素与非智力因素全面提高和协调发展的方向演进。而创业教育对学生素质状况的要求,是建立在一般素质教育基础之上的。创业素质与以往素质教育中常讲的科学素质,人文素质及创新素质等密切相关。因此,创业教育应该像对待创新教育那样将其纳入素质教育的体系之中。

研究者们大都认为创业教育是大学素质教育、理想教育、创新教育的深化和具体化,并且普遍强调创业教育对受教育者个性、独立精神和综合素质的培养。他们希望大学生要实现从操作型向智能型、从单一型向复合型、从职业型向社会型、从传承型向创新型、从从业型向创业型的转换，但却不赞同重复美国由商业教育发展到创业教育的旧辙。杨丽（2004年）指出，创业教育是建立在素质教育基础之上的一种教育思想和教育模式，是开发和提高学生创业基本素质，帮助学生树立创业志向、发展创业品质、培养创新精神和创业能力的教育范式。创业教育不但体现了素质教育的内涵，而且突出了教育创新和对学生实际能力的培养，二者的有机整合，有利于推动素质教育、创新教育向纵深发展。宋振文（2006年）认为，创业目标的确立是人生理想的外在形式和具体表现，创业教育过程本身就渗透着人生理想教育的各环节和内容，而其开展和实施使得高校的人生理想信念教育进一步具体化了。

4.对"创业教育"的教学手段、教学内容、教学途径、教学目的和教学评价的原则性探讨

陶金国（2003年）提出应以课程教学为载体来实施创业教育，以案例教学课程及实践环节为手段，使学生了解创业过程的风险，塑造其良好的创业心理品质、培养创业意识和创业精神、提高创新创业能力；谢树平（2003年）认为，创业教育课程体系应包括创业意识、品质、能力和知识四个方面的内容，其结构应当由相对独立的带有综合性的实体课程和渗透于各门科学文化基础课程、专业课程以及相关教育活动中的分科性非实体课程构成。其中应当以掌握间接经验的创业教育学科理论课程和以掌握直接经验的创业型活动课程为主，自主性、开放性、地方性、综合性、实践性是其本质特征。南昌大学黄耀华、徐亮提出，创业教育的课程要综合化、国际化、实践化；考核方式要多样化，考核内容要能力化，考核结果要分析反馈化；倡导开放式教学、探究式教学和个性化教学。郭必裕（2003年）认为，构建大学生创业评价体系要遵循主体性原则、实践性原则、技术先进性原则、创新原

则和团队的整体性原则。

5. 对创业教育实践体系进行理论性的原则探讨

从发表文章来看，大都是将创业教育实践作为文中的某一部分来进行探讨，专题化、系统化的阐述，体系化构建的成果鲜见。盛春辉、李守强（2006年）认为，构建高等院校创业教育体系应该从以下几个方面入手：正确认识创业教育在高等教育中的定位，明确创业教育的目标和课程内容，创新创业教育方法以及建立科学合理的创业教育评价机制。引人注目的是王永友（2004年）提出了我国开展创业教育实践的目标体系、内容体系、专家体系和过程体系的基本框架。他指出，目标体系包括：培养创业精神、丰富创业知识、健全创业心理和提高创业能力；内容体系包括：理论教育、实务教育和实践教育；专家体系包括：理论专家、技术专家、政府人员、企业家、孵化管理者和风险投资家；过程体系包括：基础过程—课堂教学、重点环节—活动开展、延伸过程—案例研究、提高过程—混合讨论、实践过程—模拟创业。

（三）创新创业教育研究综述

大多数学者认为我国的创新创业教育始于1999年清华大学举办的第一届创业计划大赛，而在中国学术期刊网络版总库中，以"创新创业"为搜索词进行全文检索后，发现最早的文献是1986年周彬彬等发表的研究农村经济改革中涉及创新创业问题的文章：《农村面临的挑战与选择》，这从一定程度上说明，我国的创新创业研究同美国一样，是源于对农业发展的促进；再以"创新创业教育"为检索词，最早的文献则是2000年陈畴镛和方巍发表的《知识经济时代理工科大学生经济管理素质的培养》一文，文中提出"经济管理素质是知识经济时代创新创业人才的必备条件"，这说明我国的创新创业教育在改革开放后，通过政策鼓励和意识更新等方式不断得到促进和发展。

从宏观看,作为"第三本教育护照"的创新创业教育受到党中央和政府的高度重视,教育部于2010年下发了《关于大力推进高等学校创新创业教育和大学生自主创业工作的意见》,要求各地和各高校大力推进创新创业教育,加强创业基地的建设,强化创业指导和服务,并进一步落实和完善大学生自主创业扶持政策,推动创新创业教育工作实现突破性进展。

从中国知网检索情况来看,在"中国期刊全文数据库"中,以"创新创业教育"为主题的论文数量达30000多篇,仅2010年的论文就达1000多篇。对1989—2008年发表在"核心期刊"的"创业教育类"论文进行检索,共有311篇,其中2001—2003年间有9篇文献均提到了创新教育与创业教育二者的渗透融合关系,同时大多以职业技术教育为主,偏重于在高等院校突出创新教育,在职业技术学校突出创业教育。之后的两年间共有19篇文献,研究群体从职专向本科和研究生扩展,同时开始讨论创新创业教育平台、课程设计、工作范式及评估等实践问题,2006年的8篇文献主要是关注创新创业教育实践体系的构建,其探索侧重于理念培养,学生的个性发挥及主体性的讨论。2007年的13篇文献开始结合院校、课程、专业等对实践探索进一步拓展深化;2008年的28篇文献开始以大学生的可持续发展为目标,探索包括校企一体的人才培养模式。其中,较有特色的是鲁保富提出的包括科技竞赛计划、科研创新训练计划、人文素养培训计划、创业训练计划、职业技能培训计划五方面的"大学生创新创业训练计划";2009年的58篇文献中,核心期刊为14篇,其中具有较高理论价值的是对《中国大学创新创业教育发展报告》的评述及对全国高校创新创业教育高峰论坛的综述;2012年的178篇文献从数量和质量上都已超过前9年的总和,这主要是由于教育部在当年下发了两篇政策性文件以加大创新创业教育的力度。其中的37篇为核心，大多将创新创业教育与人才培养全过程相融合，并对创业基地的建设进行了深入研究。

综观我国现有的创新创业教育研究成果，其大致可分为以下四大领域：一是如何结合各院校自身的特色来开展创新创业教育；二是如何构建创新创业教育的实施平台；三是如何将创新创业教育与高校的具体专业大类相结合；四是如何设计和采取多种教学改革以提升创新创业教育质量。

第三节 研究内容和研究方法

一、研究内容

本书以建设创新型国家为背景，以研究型大学为研究对象，从剖析研究型大学创新创业教育体系的理论及实践现状入手，利用利益相关者理论和结构方程模型的方法揭示创新创业教育体系的关键影响因素，在此基础上构建既符合创新创业教育人才培养规律，又能融入大学教育体系的研究型大学创新创业教育体系，并构建了创新创业教育体系质量评价模型，最后在实证分析的基础上不断反馈和改进，总结出一套切实可行的政策建议方案。研究具体包括以下方面。

（一）研究型大学创新创业教育相关理论研究

厘清概念是讨论问题的前提。本部分对尚未形成共识的相关概念给出界定和梳理，包括：研究型大学、创新教育、创业教育、创新创业教育等。在此基础上，分别对创新教育、创业教育和创新创业教育的国内外相关研究进行综述，借此找出国外创新创业教育体系的基本经验和国内创新创业教育体系存在的问题。

（二）国内研究型大学创新教育与创业教育的耦合机制

本书对创新创业教育的提法进行了深入剖析，对创新教育和创业教育的一致性及差异性展开了深入的探讨，同时基于二者的辩证统一关系，对二者耦合的内在驱动因子和外在影响因素展开了分析，并从创新创业教育主体及教育体系各个层面研究了二者耦合的实践路径。

（三）研究型大学创新创业教育体系影响要素研究

本部分借鉴利益相关者理论和思想，根据对创新创业教育体系相关问卷调查及分析结果，对创新创业教育过程中涉及的利益相关者的利益需求和冲突进行分析，在此基础上找出创新创业教育的影响因素，并运用结构方程模型揭示创新创业教育体系的关键影响要素，为构建创新创业教育体系奠定坚实的理论基础。

（四）研究型大学创新创业教育体系的框架设计

借鉴以往的研究成果，根据前期对各项影响因素的研究，结合我国研究型大学教育体系的现状和本书的研究需要，遵循科学的设计原则和思路，将创新创业教育的理念和模式嵌入到研究型大学教育体系中，构建了研究型大学创新创业教育体系模型。研究型大学创新创业教育体系的框架模型可从四个维度进行分析：外部政策和社会舆论环境，内部体系模块，体系运行模式，体系推进机制。研究型大学的创新创业教育内部体系模块是整个体系框架的核心部分，主要由创新创业教育的目标理念体系、组织环境体系、参与主体体系、课程内容体系和实践平台体系这五个方面组成。

（五）研究型大学创新创业教育体系的运行机制研究

本部分重点研究融入大学教育体系的创新创业教育体系的体制、机制（教育管理机制、教育服务机制、激励机制）及配套政策体系等。提出一套切实可行的运行机制，从而保证创新创业教育环境的形成及创新创业教育的有效开展。如创新创业教育的激励政策，与地方政府合作政策，设立专项创业基金、创业项目政策，鼓励风险投资机构投资的政策，创业孵化园建设（房租补贴、税费减免）配套政策，成立创业咨询机构、进行创业培训的政策，知识产权保护政策等。

（六）研究型大学创新创业教育的质量评价体系研究

本部分以研究型大学的创新创业教育体系为对象，分析其质量评价的内涵和意义、主体和方式，构建了评价的指标体系和标准，以WU大学为例，运用BP神经网络对其进行创新创业教育质量评价，并提出相应改进措施。

二、研究方法

在研究过程中，综合运用文献检索法、数据库查询、耦合分析法、案例分析法等研究方法。

（一）文献研究法

全面收集国内外有关创新创业教育的研究文献，不断跟踪学术研究前沿，了解最新动态，并不断发现存在的问题，从而为创新创业教育体系的构建奠定理论基础。

（二）比较分析法

在研究过程中，通过比较国内外创新创业教育理论和实践的现状，找出国内创新创业教育的差距；通过比较不同年代创新创业教育发展状况，找出创新创业教育的发展历程和趋势。

（三）耦合分析法

拟对研究型大学创新教育和创业教育进行耦合关联分析，选择适当的数学模型，研究两者之间的耦合水平。

（四）实证研究与案例分析法

运用问卷调查和访谈法，了解大学创新创业教育的发展现状、存在问题及动态，获得大学创业者反馈的科学客观的数据。并选择有典型代表的案例进行分析，为研究型大学创新创业教育体系的构建及推进机制提供实践基础。

（五）结构方程模型

运用结构方程模型方法及 LISREL 软件来系统分析创新创业教育的关键影响因素，从而指导创新创业教育体系及推动机制的设计。

（六）BP人工神经网络

人工神经网络评价模型是通过神经网络的自学习、自适应能力和强容错性，建立更加接近人类思维模式的定性和定量相结合的综合评价模型。运用人工神经网络模型和评价指标体系对研究型大学创新创业教育质量进行合理的评价。

第二章 创新教育基本理论

创新教育是一种以培养人们创新精神和创新能力为价值取向的教育，是培养人的创业意识、创业思维、创业技能等各种创业综合素质，并最终使被教育者具有一定创业能力的教育。创业教育被联合国教科文组织称为教育的"第三本护照"。

第一节 相关概念概述

一、创新教育的概念

创新包含三个方面含义：第一，更新；第二，创造新的东西；第三，改变。学界对创新教育的定义分为两类：狭义的创新教育是培养具有创新精神、意识、人格、思维及创造能力为目的的教育活动。广义的创新是指一切培养人的创新素质、提高创新能力的新型教育活动。

二、创业教育的概念

"创业教育"这一概念，最早是由世界经济合作和发展组织的专家柯林搏尔，在联合国教科文组织1989年11月在北京召开的教育国际研讨会上提出的。他提出了"三本护照"的概念，其中"第三本教育护照"就是"创业教育"。这是创业教育这一概念第一次出现。国外专家和学者对创业教育的理解不尽相同，可诺等认为创业教育是培养能力的过程，这些能力包括识别商业机会、洞察力、自尊以及根据机会采取行动所必需的知识和技能。有的学者认为创业教育不是仅以盈利为目的的教育活动。还有的学者从广义理解创业教育，认为创业教育是培养人的创新性、开拓性等综合素质。创业教育可以看作通过教育培养创业意识，形成创业能力和技能，最终促成个体的创业行为。这种创业行为不仅指个人在新领域或新市场内开创式的从事商业活动的行为，也指在兴趣和就业压力等因素的作用下，参考借鉴他人的商业项目自行创业的行为，同时也包括在组织内部开拓自己事业的行为。

三、创新创业教育的概念

国外在创业教育过程当中，使用比较多的词汇有 Venture（冒险项目）、Enterprise（事业心、进取心）、Entrepreneurial（创业精神）、Small business（小企业）等。他们并没有将创业教育和创新相互联系起来，并不是因为他们不重视创新，其实国外早就通过创新和科技研发获得了丰厚的社会和经济回报，同时他们已经有高校开设了创业与创新硕士专业（麻省理工学院）。也就是说，他们已经认识到创新是创业中必不可少的内容，创新已经被融入创业之中，所以在概念上没有使用创新创业教育。我国因为创业中的科技创新力量还不足，所以将创新与创业教育相融合，基于我国的国情提出了"创新创业教育"的概念。

曹胜利曾指出，真正意义上的创新创业教育着眼于为未来几代人设定创新与创业的"遗传代码"。向晓书指出，创新创业教育是一种区别于传统教学方式，着重培养学生的创业意识、创业能力、创业素质和创新思维的教育实践活动，是素质教育的深入与发展。

创新创业教育是将创业教育、创新教育以及专业教育有机结合，通过开发新的教学模式，注重学生实践活动的质量，使学生认清自我和人生，形成良好的自我意识，增进学生创新精神和事业心，同时不断挖掘学生的相关潜力，达成学生的创新创业行为。通过创新创业教育，高等学校可为社会和经济的发展提供高水平的人力资源以应对知识经济和全球一体化的挑战，提升高等教育的质量及多元化取向，促进学生最大化的发展。

另外，创新创业教育作为一门新兴理论，涉及社会学、哲学、心理学、法学以及成功学等学科，需要创新、创业以及相关内容的知识和理论。创新创业教育是新兴的，牵涉到如此多方面的知识和内容，要想做好此方面的教育，单靠某一学科的专家或教师很难把控。这就要求必须形成多学科的沟通和协作，形成合作团队或机构。

四、概念剖析

（一）创业教育与创新教育

创新教育是以培养学生创新精神和创新能力为基本价值取向的教育。通过创新教育和创业教育概念的比较我们可以发现，创新教育与创业教育在内容结构上相互融合，相辅相成。创新是创业的基础，高等学校的创新教育成效，只有通过学生未来的创业实践来检验；创业是创新的载体和表现形式，创业的成败倚仗创新教育的根基扎实程度；创新教育注重的是对人的发展总体的把握，创业教育注重的是对人的价值具体的体现，二者相互促进又相互制约，是密不可分的辩证统一体。

虽然创新教育与创业教育在内容上有很多相似之处，但这并不说明二者可以相互替代。因为仅仅具备创新精神是不够的，它只是为创业成功提供了可能性和必要的准备，如果脱离创业实践，缺乏一定的创业能力，创新精神也就成了空中楼阁，无法落在实处了。创新精神所具有的意义只有作用于创业实践活动才能有所体现，才有可能最终产生创业的成功。

（二）创业教育与就业教育

就业教育就是关于就业的教育。从广义上讲，泛指以就业为导向，以提升劳动者就业能力为目的的系统教育的总称；从狭义上讲，是指就业环节上某一技能、专长、素质的短期教育或培训。

高等学校把能否培养社会发展所需要的人才，当作衡量教育质量高低的主要标准，因此，必须实事求是地探讨创业教育和就业教育问题。"创业教育""就业教育"既是两种不同的人才培养模式，也是两种不同的教育质量观。前者是以创造性就业和创造新的就业岗位为目的，后者是以填补现有的就业岗位为价值取向。

在本质上，创业教育不排斥就业教育，它包含于就业教育之中。就业有从业和创业两种形式。计划经济体制时期，我国高校毕业生通过统一分配得到职业。就业制度改革后，毕业生通过"双向选择"实现就业目的。不论是"统分"还是"双选"，以往中国高校的毕业生，实际上都是以参与前人业已存在的事业即从业方式实现就业的。若能在开创基业的同时获得自己的职业岗位，那便是通过创业的方式实现就业的。应该说，自主创业的就业观是我们应提倡的一种比自主择业依附性更小、主体意识更强的就业观。如果我们站在就业的角度，把以解决受教育者的就业问题作为目的的教育称作就业教育，那么创业教育无疑是从属于就业教育的，创业教育理念在高校的形成和确立将大大地拓宽就业教育的发展空间。

（三）创业教育与专业教育

专业教育是指与普通教育相对，对受教育者实施专门的职业技术教育和专门的劳动技能的活动。

专业教育是创业教育的基础内容，没有这个基础，创业教育只能是无本之木。创业教育中的所创之"业"与专业教育是紧密相连的。

创业教育是建立在融合学生所学的基础知识、专业知识基础之上的，通过各种创业实践、设计、模拟构想的实际操作，以达到培养学生创造、创新、创业的精神和技能的能力教育。创业教育应该从专业教育的特点出发，努力培养学生符合专业发展方向、适应未来创业需要的能力结构，使创业教育与专业教育相辅相成。

当然，创业教育也有发展为专业教育的可能。如美国百森商学院就开设了创业学专业，培养高层次的创业人员。创业教育在我国目前正处于研究、探索阶段。我国创业环境艰难、创业文化稀缺、创业意识淡薄等特点决定了我国目前还不具备把创业教育作为专业教育来开展的条件，它的实施要借助于某种具体的教育类型作为载体，如基础教育、职业教育、成人教育、高等教育等。

第二节　创新创业教育的内容、目标及功能和特征

一、创新创业教育的目标

创新创业教育基本目标其实也就是适应世界教育发展和改革的趋势，结合我国国情，开发和提高学生的创新创业基本素质，培养学生的事业心、创新和创业精神，把学生培养成具有创业基本素质和企业

家思维的新一代复合型人才，教给学生捕捉机会的眼光和组织资源的能力，为学生发展开拓出更大的发展空间。创新创业教育提倡探索精神的培养，在学习实践过程中善于发现新鲜事物、运用新方法，鼓励开发创造的潜能，提高学生灵活运用所学知识创造性地解决问题的能力。所以说从广义理解而言，创新创业教育的目标是培养大学生基本的创新创业素质，以弘扬人的主体精神、开发个性和潜能为宗旨，促进大学生创新创业能力的教育发展体系的构建，营造一个有利于创新创业教育全面实施的全民教育、终身教育的环境。

二、创新创业教育的内容

创新创业教育的内容极其丰富，涵盖面广，主要包括创新创业意识、能力、心理品质、综合知识各方面的培养。教育内容涉及创新教育、创业教育、心理教育和专业教育等。在教育的开展方式上也很多样，主要涉及课内教学、校内实践和校外拓展等。其开展的内容很多，包括提供各方面的创新创业咨询以及信息服务和多种形式的技术支持，并要求开展创新创业培训课程、实训活动，为学生提供创新创业场所、基地等。还要为大学生设立创新创业扶持资金、专项基金和各种科研平台等。

（一）创新创业意识

具有了创新创业的意识，才可以说有了创新创业行动的思想基础，这是前提条件。创新创业意识，是指相信自己的个人素质和能力能够提高到或已经达到创业所需水平，愿意开展创新创业行为，继而为此寻找商机、开始创新创业活动的酝酿。如果将其外延扩大，也可以理解成"开拓意识"，也就是通俗意义上所说的"闯劲"。我国大部分地区创新创业文化和氛围不强，在创新创业教育的初期，培养全体学生的开拓意识，对提升国家和社会对创新创业的认可和整个国家的开拓进取精神具有重要的意义。

(二)创新创业能力

创新创业能力是创新创业型人才所应具备的核心素质，指在具备已有情境，为圆满解决创新创业过程中的问题而综合使用的各种策略和手段。创新创业教育内容中包括以下几种主要能力：创新能力、学习能力、人际交往能力、经营管理能力、自我发展的能力以及与创新创业直接或间接相关的多种能力的综合。

(三)创新创业心理品质

健康的心理品质是创新创业成功的主要条件。创新创业心理品质是指在创业实践活动中对人的心理和行为起调节作用的个性意识特征，也就是我们通常所说的情感与意志，主要指包括与创新创业有关人格等方面的心理素质，以及情感过程与意志过程；也包括在教育过程中培养学生的创新创业心理品质，培养学生的合作精神和团队意识、坚强的意志和对挫折的忍耐力、稳定而积极的情绪等。

(四)创新创业综合知识

创新创业教育是一项系统工程，以综合知识为主要学习内容，才能形成一个完整的教育体系。在强调创新创业意识、能力和具备其心理品质的同时，还要使大学生具备一定有关创新创业的社会综合知识，这是开展创新创业教育的必然要求。创新创业知识是指与创新创业方面相关的专业知识、技术知识、经营知识、管理知识等综合知识。比如创新创业过程中涉及的基本政策法规、税收制度、市场环境等内容的分析以及经济核算方法、企业经营管理特点、商务谈判技巧、公共关系运作等要素的手段、方式、途径等多方面内容。

三、创新创业教育的功能

创新创业教育是一个完整的系统，具备完善的功能，它有以下三个方面的功能：服务社会功能、深化教育改革功能和促进大学生全面发展功能。

（一）服务社会功能

创新创业教育是教育的社会实践活动，对于国家加快转变经济发展方式，建设创新型国家起着非常重要的作用。一个国家其社会的创新创业教育水平越高，社会效益和经济效果也就越好；社会的创新创业型人才发展越快，人们的物质文化生活水平也就提高得越快，从而能够极大地推动社会的繁荣进步与发展。目前，创新创业无疑是为经济增长服务的一个非常重要、积极的促进因素。创新创业教育还有利于化解就业难题，消除社会不稳定因素，有利于建设和谐社会。现在我国经济正处于稳定增长状态，发展创新创业教育对推进社会稳定，建设人力资源强国显得尤为重要。发挥好创新创业教育职能，使受教育的学生将来成为社会财富的创造者，成为社会发展的有力推动者。

（二）深化教育改革功能

通过把创新创业教育教学纳入到学校改革发展规划，纳入到教育教学评估指标，学校就能从根本上对传统教育理念进行深层次改革，确立与之相适应的新的人才培养模式，制订专门计划，明确职能部门，改革现有的专业教育和课程体系，这些对提高人才培养质量，保证高等教育的持续、健康发展起着重要作用。创新创业教育首先通过树立科学发展观，通过教学内容、教学方法与评价方式的创新，走出传统教育理念的局限性，推进了教育方法的启发性与参与性，使课堂的体验性和开创性得到发挥，不断实现教育功能的跨越式发展，培养出具有开拓精神、创新精神和国际竞争力的创新创业型人才。由此，高等教育才可以适应市场经济对人才的要求，适应国家发展战略中对知识型、创新型创业人才培养的需要，适应世界高等教育的新趋势，促进教育体制的改革与发展。

(三)促进大学生全面发展功能

创新创业教育是引导人生走向成才和成功的教育。它强调全面开发人的潜能，培养学生创新性的思维方式，培养学生的能力以及技术、社交和管理技能，通过树立正确的人生观、价值观、世界观从而确定自己的职业生涯，获得人生的成功。创新创业教育始终坚持以人为本，坚持面向全体，弘扬人的主体性和自由个性，帮助学生学会处理与他人、集体、社会的关系，提供了可以自由翱翔和设计的空间。通过完善自身的技能，提高自己的创造力，为未来职业劳动打下良好的基础。努力成功创业，可以升华自己的人格，实现自己的理想，证明自己的价值。所以创新创业教育的学习和实践，既能培养健全人格，又能拓展知识和能力，从而有益于拓展大学生素质，促进人的全面发展。

四、创新创业教育的特征

作为一种全新的教育理念和教育模式，创新创业教育有其自身的与传统教育无可比拟的优越性。把握其特性，有助于我们进一步全面理解创新创业教育的意义。具体来讲，创新创业教育有如下特征。

(一)先进性

创新创业教育是一种前沿性全新理念，它的提出和发展时间还不长，在世界范围来看也还没有一个现成的完整的模式可供参考，在实践中没有一个统一的样板可以运用，需要我们不断探索，不断进步。创新创业教育所瞄准的是未来教育的趋势和需要。创新创业教育是紧扣了时代脉搏，体现了时代精神，是一种先进的、科学的、全新的教育理念和模式。

（二）实践性

如何用最简捷的办法让学生知晓创新创业的流程、知识、技巧以及通常遇到的一些问题，做到准确把握，有的放矢，这需要在教育教学实践中一改传统的讲授模式，注重学生的实践。人才培养的过程中，应组织有经验的一线老师，更多地为学生搭建实践性平台，全面推广实践教学，使学生在实践过程中掌握创新创业的本领，加强社会行动能力的培养。社会实践活动是创新创业教育的一个重要环节，通过社会实践，使受教育者能正确地面对社会现实，并根据社会需要提高相关职业能力，提升自己的素质。

（三）灵活性

相比其他教育模式而言，创新创业教育没有固定的模式，可以通过各种方法、途径来进行，非常具有灵活性。创新创业教育以市场为导向，以能力培养为目标。教育活动中素材的选择和应用会随着环境的不同而变化，在实践中为适应不同层次的需要所产生的价值也会不同。为满足不同学生的学习需要，老师应以锻炼、培养、提高学生各方面的能力为目标灵活设计教育教学的各个环节，因地制宜，因时制宜，采用切实可行的行之有效的机动灵活的方式方法。

（四）系统性

教育部有关文件也特别强调要把创新创业教育纳入到专业教育和素质教育体系，制订教学计划和学分体系，把创新创业教育课程建成多层次、立体化的教育教学体系。创新创业教育的系统是复杂而庞大的，主要体现在：创新创业教育的内容涉及经济社会文化各个层面；它的实施不仅需要高校的教学教育，而且需要社会各界的支持与理解，广泛联系与交流。

第三节 创新创业教育的理论基础

一、主体教育理论

简而言之，主体教育理论是指依靠主体来培养主体的教育，强调学生的自主性、主动性和创造性，终极目标是使每个人得到全面、自由、充分的发展，因而是创新创业教育的基本理论依据，其具体内容包括以下方面：

从教学过程来理解主体性教育，其含义包括教师教的主体性和学生学的主体性两个方面，即我们习惯上讲的教师的主导作用与学生的主体作用。在教学中教为主导和学为主体是应该而且能够统一起来的。从教师的教学要求来看，教师要做到"乐教、善教、优教"，教师主导作用的发挥，体现在教学活动的各个环节之中；从学生学习的要求来看，学生要在学习中做到"乐学、善学、优学"，成为学习的真正主人。学生学习的积极性、能动性应体现在学习的各个环节、各种形式上。

从教育的任务来理解主体性教育，可以认为主体性教育就是要不断提高学习者的主体意识和能力，使其成为能进行自我教育的社会主体。苏霍姆林斯基说过："只有能激发学生进行自我教育的教育，才是真正的教育。""没有自我教育就没有真正的教育。"而自我教育的突出标志就是学会学习。教师在教学中要树立正确的教育观，处理好师生关系、教与学的关系，用主体思想来设计教育中的全部工作，使学生主动快乐地学习和发展。

在师生关系上，教师的引导与弘扬学生的主体性要辩证地统一起来。教师的任务就是要将学生的自觉性、积极性充分调动起来，不但要教学生学会，还要教学生会学，也就是要教给学生掌握学习策略，突出学生学习能力的培养。

从价值论角度看，主体教育理论作为一种教育价值观，是从人作为社会生活主体的角度来理解教育本质和功能的，它强调教育的最高价值是人类本身，并体现了人性论中学生作为成长主体，会具有一定主体性，同时还需在受教过程中不断培养和提高的观点。该理论的基本价值立场是将学生培养成未来社会生活的主体，弘扬其主体性，同时采取发挥施教主体和受教主体的主体性的基本策略来培养高创造性的人才。该理论还以某种教育形式在弘扬人的主体性，并促进人类个体及整个人类社会的发展为依据，来对其做出价值判断。

二、个性教育理论

尊重和发展个性成为20世纪80年代以来世界教育改革浪潮中的主流，几乎所有国家都将其作为教育现代化的标志和方向，个性化教育已然成为当今世界性的教育思潮。

主体性教育理论强调教育主体的主观能动性，而个性化教育理论则强调教育主体的差异化和个性化。每个人会由于遗传特征、性格倾向、所处环境、所受教育、成长过程及自身努力程度等因素的影响，存在个别差异。个性化教育承认受教者，即学生个体在智力、思维、心理、情感、生理和社会背景等各个方面所存在的这种差异性，并依据这些个别差异和受教者的身心发展规律，通过教育体现其良好鲜明的个性，并有针对性地制订教育方式和内容，开展个性化教育，使教育模式和方法适应受教者的个体特性，从而促使学生个体都能突出发展其良好个性，同时有益于其他各项能力（如想象力、创造力和思维能力）的挖掘，使其全面发展。

个性教育理论要求施教者善于寻找和尊重每个学生优良的独特个性和素质，使之得到创造性的自由发展，并能抑制和克服学生的不良个性品质，同时打破统一僵化的教学模式，重视因材施教，实现教育的个人化、特色化、区别化和多样化，鼓励学生各显神通，最有效地开发其个性潜能和创造性，充分发挥其天赋、兴趣、爱好和特长，从而为社会做出更大贡献，并且最大限度地实现个人价值。

个性的发展同主体性、自主性一样，是产生创造性的基础。教育的根本价值在于为社会培养有个性和创造性的人才。单调统一、毫无特色可言的教育模式会抑制创新欲望的产生，无法提高创新能力，甚至导致刻板、没有创造力的行为模式出现。传统的应试教育，忽视学生的天赋和个体差异，将文化知识传授放在首位，以升学为唯一目标，而不注重学生的个性发展，甚至扼杀学生的特质、兴趣和特长，违背了学生个性发展的规律，同时也背离了社会发展的需要。社会的飞速发展和现代科技的进步对人的个性化才能提出了更高的要求，只有充分培养学生的个性化才能，才能满足社会生产、生活等各个领域发展的人才需求。

创新创业教育对独特个性尤为重视，强调以个性教育理论为依据和基础，从学生的个性发展出发来设计教育内容、模式、方法和制度，培养学生的独立人格，充分发掘学生个体的聪明才智和个性才能，才有可能发挥其原本优势，使学生能更自觉、更充分、更主动地全面提升其自身的整体素质，防止教育的窄化、僵化、浅化和庸俗化，培养出更多各种各样的社会发展所需人才，以适应未来社会的竞争。

三、全面发展理论

基于马克思主义关于"人的全面发展"学说，来审视我国社会主义教育的目的，全面发展教育理论主要从以下两个方面来理解：一是人的脑力劳动与体力劳动相结合，实现通常所说的德育、智育、体育、美育和劳动技术教育全面发展；二是一个完整个体所具有的才能和品质都能得到和谐充分的发展。社会对人才的需求是多种多样的，多样化的全面发展的人才才能满足社会各项建设事业的发展。由于每个人会具有一定的差异性，因而在教育过程中要结合个性化教育理论，针对同一发展阶段的受教主体，既要考虑全面发展的共性，又要结合各自的个性差异。

传统教育观的最大弊病是忽视了学生个体的发展。施教者将学生视为没有思想、情感和辨析力的"两脚书橱"和"知识容器"，一味地根据自己的想法和偏好来传输各种知识，这必然会影响学生潜能的发掘和全面发展的实现，同时还会严重遏制学生创新能力的提升。而全面发展教育理论则要求学校及教师着眼于学生的发展，遵守学生的身心发展规律，通过各种教学方式为学生的全面发展提供条件，创造环境，使其学习和掌握各类知识，并通过有效的社会实践和训练，促使学到的知识逐渐内化成为自身相对稳定的思维方式和行为习惯，达到理解和运用知识，并最终促使其实现个体全面发展，成为能够适应未来社会发展的会生存、善学习、勇于创新的复合型人才。因而，从这个角度看，个性教育理论不仅是全面发展教育理论的题中之意，而且是一种更高层次的全面教育的表现形式。二者不但并不排斥，还会相互结合，促进个人、个性的全面发展。

创新创业教育强调的是在受教者可持续发展的基础上，实现其有个性差异的全面发展，这不仅要其在德、智、体诸方面得到较全面的发展，而且要结合其自身个性特点，促进他们获得相对于自身而言最好的发展。具体来看，在培养和保持受教者的创新精神和创造力量时，还要考虑其在工作生活中的需要；在进行知识文化传递的同时，不用现成的观念模式压抑其个性化想法；在鼓励其发挥天赋、兴趣和能力时，不助长其盲目的个人主义；密切关注每个施教者的独特性，不忽略创造和创业意识的培养。

总之，创新创业教育是在这些深刻宽厚的理论基础上形成的一种反映时代特征的教育理念和模式，并成为指导我国当前高校教育改革实践的方针和依据。

第四节 创新创业教育的演化过程及趋势

一、国外创新创业教育的演化过程及经验

美国及欧盟等国家和地区创新创业教育研究相对成熟，对其创新创业教育的演化历程和经验进行总结，有助于为建构我国创新创业教育体系提供借鉴。

（一）美国

1973 年，美国国家科学基金会先后资助了麻省理工学院等四所高校实施创新教育实验，协助其分别建立"创新创业中心"和"技术创新研究中心"，以负责技术创新课程的开设和学生技术发明与新产品开发等实践活动的组织和开展。美国的创新创业教育在这些试点高校的带动下迅速普及开来，上百所大学开始了专门的创造力开发课程的

设计和实践计划的制订，美国百森商学院、斯坦福大学、宾州大学、克雷顿大学等相继开设了创业研究中心。1983年，首届大学生创新创业计划竞赛在美国奥斯汀得州大学举办，此后，麻省理工学院、斯坦福大学等十多所大学开始每年都举办此类竞赛，并逐渐波及世界上其他国家和地区的大学。80年代中期以后，国家科学基金会也开始逐年加大对工程教育和研究的资助，迄今集中投资了本科生研究能力计划、课程开发综合研究计划、工程教育联合体计划、工程研究中心计划和工科教师见习计划五大项目。具体来看，美国的创新创业教育主要有以下经验：

1. 高质量的师资队伍

美国高校在开展创新创业教育时配备了雄厚的师资力量，以保证其有效开展。而且，很多美国大学商学院会聘请那些曾经有过创业经历的教授，或者那些担任过或现在仍然担任企业的外部董事，他们往往对创业领域的实践发展趋势、创新创业教育社会需求变化有非常好的洞察力。此外，还会经常邀请那些比较有创业经验的风险投资家、创业家、实业家等参与大学生的创新创业实践项目，当然，主要还是以短期讲学方式进行，以此为大学的创新创业教育提供鲜活的思维，丰富了课堂教学内容。

2. 美国高校创新创业教育的课程已趋于系统化

涵盖的范围比较广，包括创业构思、融资、设立、管理等方方面面，涉及法律、商业计划书、新兴企业融资、创业领导艺术及教育、成长性企业管理、技术竞争优势管理、家族企业管理、企业成长战略、创业营销等几十门课程。而且，美国还特别注重实践性、应用性，除正式课程外，还建立高校创新创业中心和创新创业教育研究会等机构；在校园内营造比较浓厚的创新创业文化氛围，并通过创新创业中心与社会建立一个比较广泛的外部联系网络，将各种孵化器和科技园、创业培训机构、风险投资机构、创业资质评定机构、创业者校友联合会、小企业开发中心、创业者协会等连在一起，形成高校、社区、企业良性互动式发展的创新创业教育生态系统，从而对各类创新创业资源进行有效的开发和整合。

3. 加强实践教学，提升学生创新创业能力

创新创业教育与各种创新设计和创业活动密切相关，课堂教学更加趋于实践化，目的就在于让学生在实践中提高自己的创新创业能力。美国比较崇尚个性、个人自由、独立，因此，鼓励通过奋斗获得成功的文化，就成了美国创新创业教育发展的内生环境。有了这种文化的渲染，美国大学的创新创业教育就顺利地获得了来自政府、非政府组织、企业、企业家和校友等全社会的资源支持。如企业设在大学内的中小企业发展中心可以通过举办研讨会等方式随时为准备创业的人提供各类咨询服务。

4. 资金来源丰富

私人和企业捐助是美国创新创业教育资金的主要来源，美国政府设立了专门的国家创新创业教学基金，以资助创新创业竞赛和创业项目、开发创新创业教育课程、奖励创新创业优秀学生等。

5. 政策支持及社会援助

美国的政府、社会和学校为大学生创新创业活动提供了许多便利的条件，如简便合理的新公司申请手续、充足的资金支持、健全的信用制度、广泛的社会援助等。同时，教育体制灵活，给大学生创业提供公平的机会和充裕的时间，政府、社会、学校相结合的、良性互动的创新创业教育生态系统，为创新创业教育的实现提供有力保障。

（二）欧盟

1. 重视创新创业精神的培训

欧盟国家重视企业家精神、企业创办技能的培养，注重改善现行教育体制，通过将企业家教育、技能教育引进高校教育促进创新创业精神的培养。

2. 教育方式灵活多变

欧盟一些国家针对具有创新创业潜力的学生，设计了两个部分课程：课堂培训和企业实践。前三个月，安排学生系统地学习小企业经营管理技能，后面几周安排学员去企业进行实践。在培训方式上，充分体现课堂传统教学、个人自主学习、生产实习操作、教师个别辅导等多形式的结合。在传授公共知识的同时，有针对性地提供多次个性化辅导，为其提供更实际有效的帮助，使他们的创业计划更加完善可行。

3. 注重创新创业实践的后期扶持

法国成立了专门的创新创业计划培训中心，在创新创业计划实施过程中为学生提供几个月甚至一年的后续扶持，由专家进行贷款申请、场地选择、布置装饰、财会计算及法律合同等实际业务的指导，同时还对新办企业经营运作中的问题提供咨询帮助。通过培训中心与创业者之间的相互联系，来协助创业计划成功实现，同时重新了解和掌握更多创业进程信息，以改善之后的培训指导工作。

4. 政府的政策支持

欧盟国家创新创业教育的成功离不开政府的强力支持，主要是依赖以下三个方面的政策措施：一是通过简化立法及行政规定等，关注新创企业的利益，为其营造好的发展环境；二是通过增加投入，加大支持力度，促进高校的创新创业教育发展，同时大力支持新创企业的成长；三是为新创企业及高校创新实践项目创造条件，提供免费培训、优惠的税收政策等其他发展性服务。

除了美国和欧盟国家外，其他教育大国同样在积极发展创新创业教育。首先是创新创业教育课程体系、辅助课程体系及实践项目等的设计与整合，通过学术研讨和讲座、创业项目、提供新创企业孵化器等许多非课程活动来协助课程的开展。其次是创新创业机构的建立，日本一桥大学、韩国仁荷大学等高校均设有创新创业研究中心，并且十分注重与国际的接轨，如选用国外的原版创新创业教材和课程，引进国外知名的创新、创业专家担任创新创业中心的教授，举办国际商业计划大赛等。

二、我国创新创业教育发展状况

总体上说，我国创新创业教育起源于20世纪70年代末，当时正处于教育发展战略转型的过渡阶段，基于建立适应社会主义现代化建设需要，国家将教育管理权力下放到地方，扩大高校的办学自主权，以充分发挥中央和地方对教育事业管理的双重积极性，按照中央集权和地方分权相结合的原则，调整改变传统管理体制，发展高等教育事业。该阶段开始强调学生的主体地位，重视发挥其主动性和积极性，并对教学内容、方式和方法实行改革，逐步提高教育质量。

20世纪80年代初，创新创业教育思潮由西方传入我国，全国上下开始提倡创造教育，有关创造学、创造教育的书刊相继出版，国家设立了一些高新区，许多省市竞相成立创造学会，创造学类课程在高校纷纷开设，大量的教育工作者开始致力于创造教育，此时提出的创造教育其本质与我们现在提出的创新创业教育是相同的，同样是为了开发培养学生的创新精神、创造力和创业意识及能力等，但整体而言，社会和教育界对创造教育并未给予应有的重视。

1992年伴随着改革开放的深入发展，在"科教兴国"和"可持续发展"两大战略的直接促动下，我国的高等教育事业进一步加大了改革步伐。1998年颁布的《高等教育法》中明确规定，高等教育要"培养具有创新精神和实践能力的高级专门人才"；之后的《中共中央国务院关于深化教育改革全面推进素质教育的决定》则进一步将创业教育纳入其中，要求"高等教育要重视培养大学生的创新能力、实践能力和创业精神"。教育部出台的《面向21世纪教育振兴行动计划》也明确提出了创新创业教育的目标和要求，这些政策法规把我国的创新创业教育推向了一个新的高度。

从1990年至今，全国性创新研究学术会议至少召开了30次以上，90年代中后期的互联网创业及政府一再推动的科技成果产业化都进一步为我国创新创业教育营造了良好的外部环境。2002年，教育部将中国人民大学、清华大学、北京航空航天大学等9所高校确定为创新创业教育的试点院校，从而形成了我国典型的几种创新创业教育模式：强调创新创业教育"重在培养学生创业意识，构建创业所需知识结构，完善学生综合素质"。一是以北京航空航天大学为代表，侧重学生的创业知识、创业技能。通过商业化运作，建立大学生创业园，为学生创业提供资金资助以及咨询服务；二是以上海交大为代表，将创新教育作为创业教育的基础，强调在专业知识的传授过程中培养学生的动手能力，注重学生的素质培养，应建立全天候开放的实验中心和创新基地，为学生的创新创业提供必要的资金和技术咨询。

由于我国的教育长期以来处于"应试教育"的束缚，传统的教学方法、课程安排、考试制度、评价标准等统一呆板，阻碍了学生主观能动性的发挥和思维的拓展，不利于创新思维及创业意识的培养和开发。

三、我国大学与发达国家大学创新创业教育的比较

基于上述对发达国家创新创业教育演化历程以及我国创新创业教育发展现状的探讨，本文对国内外研究型大学的创新创业教育的特点及具体表现也做了对比分析（表2-1），以寻找我国研究型大学在创新创业型优秀人才培养方面存在的一系列问题及与国外成功的创新创业教育体系间的差距，从而为我国研究型大学创新创业教育体系的设计、构建及运行奠定更有力的理论基础。

表 2-1　国内外研究型大学创新创业教育对比分析

类别	特点	具体表现
发达国家研究型大学创新创业教育	注重培养学生的创新创业意识。 开发系列课程。 将创新创业教育分类化。 通过模仿使学生获得感性体验。 以厚实的学术研究为支撑。 直接诱发师生的创新创业活动。	引导学生从"被动适应社会"转变为"主动适应甚至挑战社会"。 围绕创新创业理论、实务、实践三方面的课程。 家族创业、新技术创新与创业、妇女创业、大型机构创新和创业。 各类创新、创业竞赛的举办。 技术创新、创业研究中心的设立。 毕业生和教师创建了大量新公司，对经济发展做出贡献。
国内研究型大学创新创业教育	政府高度重视。 开设的课程初成体系。 教学方法日渐完善。 设立了专门的创新创业教学项目。 教材建设初具水平和规模。	许多政策导向等。 创业家养成、创业规划与经营管理、创新活动管理等课程体系设计。 教师讲授、案例讨论、师生互动、角色模拟、基地见习、组织大赛等教学方法。 开设有创新与创业方向的专门课程与试点班。

相比国外的成功经验，我国研究型大学虽然开始注重创新创业教育，并已取得一定成绩，但依然存在以下问题，影响了其创新创业教育的实施和绩效：

1.学科地位边缘化。目前在研究型大学从事创新创业教育的或是现有的技术经济学科，或是现有的企业管理学科，呈现边缘化趋势。

2.课程的体系化程度有待提升。据对部分理工科为主的学校进行调查，开设创新类课程的研究型大学约占 1/3，开设创业类课程的则约占 1/20，而将二者结合的就更少了。

3.教学方式上，实践教学欠缺。

4.教学对象因校而异。一些学校侧重于本科生，一些学校侧重于研究生。

5.教学内容因教师而异。同样一门课程，不同教师讲授的内容差别较大。

6.支撑教学的创新创业学术研究有待系统化和深化。对于创新教育，目前我国研究型大学侧重于研究创新的激励机制、突破性创新、新兴技术管理、复杂技术与产品创新、模仿与自主创新、技术导入与技术学习及技术内化、技术战略、创新战略、创新联盟、商业模式创新、产业创新体系等，相比而言，还缺少了对于企业创新体系、创新流程管理的深入研究。对于创业教育，目前侧重于研究创业活动筹划、新创企业的治理结构、投资者与创业者的信任关系、创投公司的治理结构、投资者的项目与团队选择、连锁经营机制、新创企业风险管理、企业成长性评价等，相比而言，缺少了对社会创业体系、创业流程管理、新创企业成长管理等方面的深入研究。

四、创新创业教育的未来发展趋势

大力发展创新创业教育，培育创新型人才已成为发达国家保持其科技领先地位的重要保障；而发展中国家要在某些领域赶超发达国家，就要把高校实施创新创业教育，培育创新型人才作为未来教育改革的重要内容和方向。

（一）教育体系由封闭、统一、刚性转向开放、灵活、柔性

除了学校的教育体系的系列因素外，社会环境同样对学生的创新品质及创业素质具有很大的影响。封闭教育形式必将被淘汰，现代教育体系必将与社会、企业等进行更多的信息交流和沟通，为创新创业教育的人才培养目标的制订、教育内容、课程体系安排、教学方法设计、人才评价制度等提供指导性的帮助。开放型的教育体制有利于加强学校师生与社会的联系和教育系统各个部分、环节间的顺畅沟通，形成学习型的社会。同时，统一呆板，过于刚性的教育体系，必然与

学生的意愿、兴趣相违背，不符合个性化教育理论中因材施教的基本规律和原则，抑制学生的个性化发展，不利于其创新意识和创业能力的培养和发挥，阻碍其创新创业的开展。因此，未来的创新创业教育体系设计，必须要对封闭、统一、刚性的制度进行深化改革，建立开放、灵活、柔性的，与创新创业教育基本规律相一致的制度体系。

（二）教育制度由集权型转向分权型

根据个性化教育理论，创新创业教育需要针对各高校的实际情况和学生个体的自身特点及条件来因材施教，为社会培养出个性鲜明、创造性丰富、具有创新能力的人才，从而满足现代化建设的人才需求。国内外创新创业教育的演化历程表明，高校、各机构、教师及学生拥有充分的自主权是成功实施创新创业教育的基础。人们也越来越强地意识到，中央集权型的教育制度总体而言并不利于创新创业教育的实施，过于集权的体制限制了教育的因地制宜和因材施教，因而，在加强中央宏观调控的同时，逐步将教育管理和办学自主权下放至地方和学校，以扩大其教育职责和权限，充分调动其办学积极性和创新创业教育的激情，增强学校适应社会经济发展的活力将成为创新创业教育体制改革的一大方向。

（三）管理方式由集中控制、消极服从型转向宏观调控、主动适应型

在传统集权型教育制度下，高等教育的主管部门用集中控制的管理方式将高等院校的教育形式、课程安排、学生管理等均纳入各种教育规则范围内，而高等学校则表现为消极服从地遵守各项规章制度，这种集中控制和消极服从型的管理方式同样存在于高等学校内的管理部门与各个基层部门，教师和学生之间，极大地压抑了高等院校、教

师和学生在工作学习中的主动性、积极性、创新精神和创业意识，因而，在教育主管部门将权力下放，由集中控制管理形式转向宏观调控的同时，创新创业教育还需要校内各管理部门将事无巨细的过程管理转向目标控制，教师也将赋予学生较大的自主性。

（四）师生关系由权威型转向平等民主型

在传统的教育观念里，师生之间是命令与服从、教授与接受的关系，学生必须将教师当作权威来服从，这与创新创业教育的主体教育理论基础相违背。只有在独立、平等、民主的关系中，双方互相负责、尊重、质疑、沟通并交互意见，学生不断地主动发现问题、创新问题并解决问题，才能有利于学生的创新意识和创造力的培育。这种平等民主的关系包括师生之间和学生之间，即要给予所有学生平等参与的机会，加强每个人的主体意识，在尊重对方的选择和意见的同时，对自己的意识和行为负责。

（五）教育过程、途径、方式、评价转变

在传统教育观念里大部分高校依旧沿用灌输式教育过程和方法，由学校设计课堂教学课程，教师以课本知识的传授为主，而学生以课本知识的记忆、背诵为主，学习过程主要靠纪律惩罚来维持。创新创业教育必然需要突破这种传统教育方式，转向启发式教学才能实现其创新和创业效果，首先是教育管理形式由封闭、强制和集中转向开放、参与和自主；其次是教学过程由学生对知识的被动接收、储存和积累转向信息主动获取、灵活选择、提取、加工，由教师给学生现成唯一的标准答案转向启发学生举一反三，主动提问，鼓励其不断质疑并思考，从多方向提出设想方案，并从中进行选择和决策，促使其自主式学习，不断创新；再次，教育途径由注重课堂转向课堂内外并重，将

课堂教学与课外实践活动相结合,由单一的教学转向教学与研究相结合,重视学生兴趣和个性的培养;最后,教育评价也由注重选择转向注重培养。

此外,随着教育改革的深入和创新创业教育的发展,在教育体系、制度、管理方式、师生关系及教育方式、过程、评价等方面都将发生深刻的转变,同时,创新创业教育将逐渐分化,由单一课程体系细分为新技术创新与创业、家族创业、妇女创业、大型机构创新和创业等分支。

综上所述,我国高校大学生创新创业的意识、素质和实践能力均有明显增强。国家出台一系列优惠政策深受广大高校毕业生欢迎,为促进高校毕业生创业发挥了重要作用。总体上讲,我国研究型大学毕业生创新创业情况还不是很理想,突出表现在创新创业的呼声高、意愿高,但是创新创业活动的参与度低、成功率低、项目技术含量低、创业促就业实效低等方面。目前西方国家大学生自主创业者已达20%~30%,而我国大学生创业比例尚不足1%,我国大学生创新创业教育尚处在起步探索阶段。

第五节 开展创新创业教育的必要性

一、强化高校自身改革建设

近年来,我国的高等教育在素质培养上取得了不小的成绩,但在国家创新型发展战略面前,如何启发学生的思考力,加快培养学生的实践力,改革现行人才培养模式,对作为人才摇篮的高校提出了新的课题，高校自身的建设与改革无疑起着至关重要的基础性作用。高等教育的前瞻性、实用性、系统性成功与否，直接关系到高校能否为社会输送符合要求的高技能人才。目前高校教育结构和培养目标的调整却相对滞后，高校应按照素质人才培养方案要求，严格遵循教育教学规律，最大限度地体现高等教育的特点及时代发展的要求，做出从传统的"接受继承"教育到"创新创业"为主的新型教育模式的重大转变。通过深化教育体制改革，加快开展创新创业教育步伐，提高人才培养水平，更好满足我国经济发展状况对人才的需求。创新创业教育是高校积极应对经济发展要求的表现，是市场经济条件下高校培养高素质创业创新型人才的必然选择。

高校承担着培养高素质技术、技能型人才的重任，随着我国经济的腾飞，创新创业型人才的缺乏会越来越成为影响经济进一步快速健康发展的瓶颈。创新创业教育是全社会的事情，更是高校义不容辞的责任。

高校的基本功能是教学、科研和社会服务，根本任务是人才培养。目前"学生适应社会和就业创业能力不强，创新型、实用型、复合型人才紧缺"，这是我国当前教育面临的严峻现实问题。当今世界各国都已充分认识到高校在创新型国家建设中提供有力的人才和智力支持所起到的重要作用，从而把高校纳入到国家创新体系的重要组成部分，大力推进创新创业教育。创新创业教育的理论体系是建立在众多学科上的一门新型综合应用社会科学，众多学科相互渗透，为创新创业教育奠定了极其厚实的理论基础。创新创业教育作为培养创新精神，提高创新能力的主要部分，随着国家教育战略主题的进一步明确发展而必然得到加强。高校不仅是作为知识传播、人才培养、发展科学技术的场所，而且也将是哺育知识型企业的重要依托。所以说，高校必须不辱使命，顺应时代要求，深化改革，大力推进创新创业教育。

二、加大创新创业人才的培养力度

适应市场经济发展需要、建设创新型国家、培养高素质创新创业型人才，是社会赋予创新创业教育的历史重任。知识经济时代的发展使得创新型人才成为高校培养的目标，也是全社会的迫切需求。创新创业教育是培养创新型高素质人才的必然选择。以知识、信息和能力为主要支撑的知识经济，为大学生创新创业提供了现实可能性，同时也对大学生各方面的能力提出了更高的要求。进入知识经济时代以来，创新就一直成为知识经济发展的核心动力，也是提高一国综合国力的重要武器。各经济主体竞争的焦点不仅是资金、技术等传统资源，还包括在人力资本基础之上的创新能力。为实现人才培养目标，我国需通过实施创新创业教育，增强学生的创新创业意识，提高学生社会实践能力和技巧，培养善于创新的新型人才，全面提高高等教育人才质量。

建设创新型国家的关键是培养创新型人才。切实有效的创新创业教育不仅对经济的快速发展起着极强的推动作用，同时，也是构建社会主义和谐社会的必要之举。以创新为核心的创业精神在新创企业和已存在的企业中都被看成非常重要的竞争因素。2017 中国中小企业发展大会暨第十一届中国中小企业节指出，当前中小微企业占我国企业数量的 99%，完成了 70% 以上的发明专利，提供了 80% 以上的新增就业岗位。这些企业中的佼佼者，往往在很短的时间里就成长为细分行业的"隐形冠军"，成为"各领风骚的独角兽企业"。由此可见，高科技创业企业创新型人才在引导技术改良和生产力增长的创新中发挥了重要作用，也体现了对创造新职位吸纳劳动力的优势。

高校教育持续发展的重点是提高人才培养的质量。而提高人才培养质量的重点在于培养创新创业人才，所以要在全面提高学生素质的基础上重点培养学生的创新精神和创造能力。

三、促使学生实现自我缓解就业压力

近年来，随着我国大学毕业生人数剧增，就业压力加大已成为全社会关注的焦点，需要学生、家长、学校和社会保持清醒头脑，正确认识和处理。为了都能够稳就业，政府除了制定"创业带动就业"的方针外，还出台了一系列支持和鼓励创新创业的政策措施。创新创业教育成为缓解当前就业压力成效较明显的重要内容，且愈来愈受到重视。一部分大学生将会成为自主创业者，不仅可以解决自己的就业问题，还可以为社会其他人员提供更多的就业岗位，这对缓解我国大学生就业压力具有非常重要的现实意义。

面对严峻的就业形势，创新创业便成为打开就业难局面的关键。鼓励学生开拓创新的创业思维，使有开发潜力的学生真正走上创新创业的道路，也是他们能够很快融入社会、服务社会的前提。大学生是最具创新创业潜力的精英群体，不仅是现有职位的占有者，更是未来职业的创造者。通过一定的创新创业教育，培养学生适应社会生存、经济竞争，使其学到自主择业、自谋职业的方法和途径，提高他们的创新精神和创业能力，使大学生成为高素质创新型人才，增强自身发展能力，在创新创业过程中实现自我价值。

四、真正符合世界高等教育发展趋势

从世界范围来看，创新创业教育正受到各国政府的重视，这方面的研究和活动日益引起各界的关注。在大力发展创新创业教育的大潮中，创新精神和创业能力的强大推动力已经初现端倪。创新创业教育在西方发达国家起步较早，经验丰富，已经取得了令人瞩目的巨大成效。以美国、英国为代表的国家开展的创新创业教育方兴未艾，正逐步形成一个完整的社会体系和教学研究体系，并被纳入国民教育体系之中。德国、法国等国的高校不仅拥有优良稳定的创业教育教学科研队伍，而且非常重视学生的创新创业实践体验并提供大量技术及资金支持。澳大利亚也是世界上较早开展创业教育的国家，已经形成了相当完善的体系，并且创造出了自己独特的模式。所以说，创新创业教育的实施已成为当今国际高等教育发展的重要组成部分和新趋势。创新创业教育在促进就业、发展经济、推动技术创新方面的作用更是不容小觑。

我国的创新创业教育才刚刚起步，还不成熟。我国绝大多数高校并没有把创新创业教育看作高等教育主流教育体系中的一部分，在教学管理、师资力量方面没有给予充分的重视。创新创业教育的实施对于高素质技能应用型人才的培养有着非常重要的意义，它不仅是解决当前社会就业矛盾的突破点，也是我国高等教育培育人才发展的客观要求，符合国家发展战略，适应经济和社会发展的需要。在世界经济一体化的背景下，创新创业教育顺应世界教育发展潮流，已成必然趋势。

第三章　大学生创新创业教育模式和特征以及现状、对策

　　创新创业教育的主要目的就是提高学生的创业能力，让他们有创业的意识，做好规划。近些年，各部分高校虽然根据要求，开展了创新创业教育，但是，有些形同虚设，实际的效果并不好。

　　1989年，联合国教科文组织提出"创业教育"概念。1998年国务院和教育部分别出台了指导性政策意见，提出要重视大学生的创新创业教育，强调对学生创新创业能力和实践能力的培养。1999年，清华大学举办了第一届创业计划大赛。同年，全国首届"挑战杯"大学生创业大赛开赛，这是我国高校开始创新创业教育的标志。2002年，教育部确定了清华大学、人民大学、北京航空航天大学、武汉大学等9所高校作为创业教育试点，标志我国大学生创新创业教育正式启动。2003年，教育部举办了"创业教育骨干教师培训班"，邀请澳大利亚创业教育专家为全国100所高校的200多个教师讲学，促进了高校创新创业教育的大力开展。2005年，KAB项目首次在华举行。

　　总体来说，我国的创新创业教育在国家政策指导下取得了很大的进展，政府对创新创业教育非常重视，制定了具体的要求，做了相应的详细部署，创建了创新创业教育的试点单位，总结经验，逐步推广，最终达到深化高等教育改革的目标。

第一节　我国大学生创新创业教育的模式及特征

一、模式

自从 2002 年国家确定了 9 所创新创业教育试点高校以来，经过不断摸索发展，我国创新创业教育也取得了一定的成果，积累了一定的经验。应用型本科院校结合自身实际，经过不断摸索和实践，也形成了符合自身特点的教育模式，这些模式主要归纳为以下四种。

（一）独立式

独立式是指将创新创业教育单独列为一门课程，按照创新创业教育的目标，进行系统的课程设置，形成系统的教学内容，固定教学课时，稳定开课方式，目的明确，有步骤、有计划、有规律地实施创新创业教育。

（二）渗透式

渗透式是指将创新创业教育的有关因素渗透到专业教育的课程体系中，在不打破原有教学计划和秩序的基础上，在专业教学过程中潜移默化地将创新创业教育渗透、贯穿其中。

（三）校企合作模式

应用型本科院校发挥其校企合作的优势，与企业拓展合作关系，开展多样化的创新创业教学和实践活动，让大学生充分感受企业精神、了解企业运作，通过企业这个真实的舞台得到实践的历练。

(四)复合式

复合式是指创新创业教育与专业教育既相互融合，又相互独立，在制订人才培养计划的时候，将创新创业教育与专业教育统一考虑，在思想上相互融合、相互协调，在具体课程设置上，单独设置创新创业相关课程，将创新创业教育与专业教育有机地融合在一起。

二、特征

应用型本科院校在开展大学生创新创业教育活动的过程中，结合自身人才培养目标和定位，形成了自己的一套做法，主要体现出以下四点特征。

(一)培养目标的应用性

应用性是应用型本科高校的特色和优势，"应用"也是专业设置的核心思想，这就决定了应用型本科院校必须根据地方经济发展的实际需求，突出"应用"的指导思想。应用型本科院校的创新创业教育也充分考虑到了这一点，其专业设置和课程体系建设根据地方行业的发展不断进行相应的调整，再将创新创业教育与专业课程相融合，两者相辅相成，最终实现人才培养目标。

(二)课程设置的复合性

应用型本科教育培养的人才是复合型的人才，学生不仅要有扎实的专业基础，还要具备较高的人文素养、科学精神、道德和心理素质、创新精神和团队精神等。因此，应用型本科院校在课程设置上充分考虑到了这些因素，而有了创新创业教育课程的融入，进一步丰富和完善了课程体系。同时，由于众多学科的交汇融合，也给创新创业教育提出了更高的要求。

（三）价值取向的行业性

应用型本科院校的共同特点是服务区域经济，注重为区域行业发展提供高层次人才，其价值取向体现了行业性。一方面，应用型本科院校多依托于地方政府的支持，目的是为了满足地方经济发展的需要，因此，学校在发展创新创业教育的过程中，要充分考虑将创新创业教育与地方行业相结合，立足于地方行业，培养行业急需的人才，主动与地方行业对接，为地方经济发挥积极的推动作用；另一方面，地方政府在制订教育改革、人才发展等战略性计划时，结合行业特点，出台相关的政策措施，服务地方经济发展。

（四）培养过程的实践性

地方的应用型本科院校与地方企业经常性开展校企合作、产学研合作等，联系密切。在创新创业教育活动中，学校也充分利用这一资源，在企业建立了很多校外实践基地，达成了多项合作项目，开展了一系列合作活动，为学生创新创业教育的实际应用提供了广阔的平台。

第二节　大学生创新创业教育的现状

在校大学生创业，即在校就读的大学生在学习期间创办事业的行为。大学生创业作为目前解决就业困难和大学生实现自我人生价值的一个途径，得到了政府和社会各界人士的肯定和鼓励。

大学生创业是教育发展的客观要求。自1999年高校扩招以来，大学毕业生数量逐年增加。全国高校毕业生人数不断上升，就业形势日益严峻。随着就业压力日益增大，越来越多的大学生被推上了自主创业之路。

然而，梦想与现实的差距也是很明显的。大学生创业在我国还是新生事物，出现的时间不长，实践成功的不多，理论上的成果更少。据不完全统计，中国整体的创业成功率基本达到30%，而在创业大军中，大学生创业成功率仅为2%～3%。从大学生创业低成功率来看，大学生创业确实还存在一些问题：创业知识经验缺乏，创业创新的能力不足，创业资金匮乏，创业心态不端正等。

一、创业知识经验缺乏

首先，是知识限制。创业需要管理、市场营销等多方面的丰富知识，但目前许多大学生创业者还不具备这些专业知识，有些甚至无法把自己的创意准确而清晰地表达出来，缺少个性化的信息传递；对目标市场和竞争对手的情况缺乏了解，分析时采用的数据经不起推敲，没有说服力等等；特别对创业的基本常识缺少了解，如注册、贷款、办理各种工商手续、相关的法律常识等知识不了解，甚至无从着手。这些无一不反映出大学生创业知识的缺乏。

其次，是缺乏经验。大学生往往缺乏社会和职业经历，尤其缺乏人际关系和商业网络互动，有理想与抱负，但"眼高手低"，在创业过程中除了"纸上谈兵"之外，对具体的市场开拓缺乏经验。由于受年龄及相应学识的限制，大学生也很难拥有关于创业的直接经验与间接经验。

调查可以发现，虽然大学生对创业和创新创业教育的认识在加深，但在创业的知识、经验上存在总体缺乏的问题。从大学生对创业概念的理解和创业的打算来看，大多数学生能正确认识创业，有79%的大学生考虑过创业（表3-1）。从大学生的知识积累是否满足创业需求的情况来看，有50.7%的大学生认为自身现有的知识不满足创业的需求（表3-2）。有76.5%的大学生认为高校有必要开展创新创业教育（表3-3），迫切希望学校开展创新创业教育，帮助提高自身的知识水平。从大学生对创业成功率的估计和大学生对高校开展创新创业教育的主要目的来看，有77.6%的学生认为大学生创业成功率不高（表3-4）。学生能客观估计创业的困难，并能正确地认识高校开展创新创业教育的目的，认为高校开展创新创业教育可以使自己具备创业的基本素质和能力，来弥补知识上欠缺。从大学生对校园创业环境的满意度来看，学校的创业环境与大学生的期望差距很大，认为校园内的创业环境一般和不满意的占75.2%（表3-5），这说明在这方面高校还有很多工作要做。从大学生对高校的创新创业教育开展情况的认识来看，认为学校的创新创业教育开展得很一般和几乎没有的占65.5%（表3-6），学校薄弱的创新创业教育使大学生们在创业初期因缺乏创业知识而感到更加困难。从大学生创业障碍情况调查来看，有84.1%的大学生认为社会经验不够已经成为创业的障碍（表3-7）。

表3-1　大学生的创业打算（n=381）

问 题	选 项	频 数	百分比（%）
现在的您是否有创业的打算	A.完全没有	63	16.5
	B.考虑过	301	79.0
	C.已经进行创业	15	3.9
	D.已经成功创业	2	0.6

表 3-2　大学生的知识积累满足创业需求情况（n=379）

问　题	选　项	频　数	百分比（%）
您认为您现有的各种知识积累满足创业需求吗	A.满足	10	2.6
	B.基本满足	63	16.6
	C.说不清	114	30.1
	D.不满足	192	50.7

表 3-3　高校开展大学生创新创业教育的必要性调查（n=383）

问　题	选　项	频　数	百分比（%）
您认为高校是否有必要开展大学生创新创业教育	A.必要	293	76.5
	B.可有可无	73	19.1
	C.不必要	17	4.4

表 3-4　大学生对创业成功率估计调查（n=375）

问　题	选　项	频　数	百分比（%）
您对大学生创业成功率的估计	A.必要	17	4.5
	B.可有可无	291	77.6
	C.不必要	67	17.9

表 3-5　校园氛围和社会舆论对大学生创业环境满意情况调查（n=380）

问　题	选　项	频　数	百分比（%）
您认为校园氛围和社会舆论对大学生创业环境的影响是否满意	A.满意	31	8.2
	B.较好	63	16.6
	C.一般	220	57.9
	D.不满意	66	17.3

表 3-6　高校大学生创新创业教育开展情况（n=379）

问　题	选　项	频　数	百分比（%）
您觉得本校的创新创业教育开展情况如何	A.很好	19	5.0
	B.还可以	71	18.7
	C.很一般	145	38.3
	D.几乎没有	103	27.2
	E.不了解	41	10.8

表 3-7　大学生创业障碍情况（n=383）

问 题	选 项	频数	百分比（%）
大学生创业的障碍是什么（限选1~3项）	A.资金不足	279	72.8
	B.社会经验不够	322	84.1
	C.要考虑继续深造	32	8.4
	D.亲人反对	36	9.4
	E.缺乏创业的知识	173	45.2
	F.缺少高新技术或全新服务	65	17.0
	G.其他	8	2.1

二、创业创新的能力不足

创业创新的能力不足表现为缺乏经营管理能力，如社交能力，搜集信息、处理信息的能力，发现机会、利用机会、创造机会的能力等等。大学生创业失败的多，一个重要原因就是忽视了创新。很多大学生只看到他人成功后的表象，不顾时间、地点的差异，盲目照搬照抄别人的经验，结果"画虎不成反类犬"，自己的优势没有得到充分发挥，步人后尘。在应试教育模式下，教师习惯于"满堂灌""一言堂"，学生更多的是习惯于知识的接受和模仿，而缺乏创造能力和创新意识。

调查发现，高校对大学生能力的培养与当代大学生的期望有一定的差距，有51.6%的大学生认为学校在培养学生分析和解决问题的能力方面存在问题，有47.9%的大学生认为学校在培养学生创造能力方面存在问题（表3-8）。可见高校各有关部门在组织大学生创新创业教育方面还存在诸多不足，这也指出了高校创新创业教育努力的方向。

表 3-8　高校对大学生各方面能力的培养情况（n=380）

问　题	选　项	频　数	百分比（%）
您觉得大学生应培养哪些能力（限选1~3项）	A.分析和解决问题的能力	196	51.6
	B.创造能力	182	47.9
	C.知识面的拓展度	114	30.0
	D.专业知识的深度和广度	120	31.6
	E.基本技能和动手能力	113	29.7
	F.世界观和人生观	49	12.9
	G.处理人际关系的能力	139	36.6

三、创业资金匮乏

大学生创业风险较大，较难获得必需的资金。一方面大学生有好的创业计划，但苦于没有启动资金，因而迟迟不能展开创业活动；另一方面也有一些学生已经创业，但由于缺乏资金而抗风险能力减弱。一般在获取资金方面也存在两种问题：一是急于获得资金而不惜贱卖技术，二是过于珍惜技术而不肯做出适当的让步。"巧妇难为无米之炊"，没有资金，再好的创新技术也难以转化为现实的生产力，资金是学生创业要翻越的一道门槛，许多项目苦于没有资金而无法正常运行。

从大学生创业障碍情况调查来看，有72.8%的学生认为资金的不足是他们创业的障碍（表3-7），这个问题无论在各项案例中还是在本次调查中都表现得非常突出。这说明，筹集资金的困难已经严重影响到我国的大学生创业活动的开展。

四、创业心态不端正

大学生创业往往是冲动、不理智的，没有一定的"风险意识"，在几次挫折之后，不能承受住风险和失败，而选择退出；创业意志薄弱、情感脆弱、缺乏自信、逃避选择的"心理病症"频繁出现;在创业之初,总是以利益最大化为终极目标,凡事追求利益;缺乏艰苦创业和求真务实的精神,沉不住气,耐不住寂寞,不甘于从基层起步。

调查发现,大学生对创业模式的选择不够理性,实际上这也反映了大学生创业心态问题。从大学生对创业模式的调查情况来看,有52.2%的大学生选择兼职型创业(表3-9),边学习边创业。这不是一种最优的创业模式,大学生在毕业后进行创业是最合适的。大学生在校学习期间所要参加的活动很多。只有那些学有余力的少数大学生才可以为了积累经验,提高能力而去尝试兼职创业。但大学生们总想一步登天,幻想成为比尔·盖茨,在没有扎实知识基础,没有全面市场调查的前提下凭着一股创业激情,就选择兼职,边学习边创业,往往成功率极低。

表3-9 高校大学生创业模式情况调查(n=381)

问 题	选 项	频 数	百分比(%)
如果创业,您会选择哪一种创业模式	A.大学毕业后创业	133	34.9
	B.兼职型创业,边学习边创业	199	52.2
	C.在条件成熟时选择休学创业	49	12.9

与发达国家相比,我国创新创业教育起步较晚,基础薄弱,目前仍处于初步发展阶段。应用型院校作为应用型人才培养基地,也逐渐认识到了创新创业教育的重要性和必要性,纷纷走上了创新创业教育的发展道路,但因种种因素的制约,目前的发展现状并不理想,主要体现在以下六个方面。

(一)起步晚,起点低

应用型院校的前身大多是高职、师专,本科办学。历史较短,办学条件、师资力量、教学体系以及文化内涵与老牌本科院校相比不具优势。因此，相比于国内一些重点大学，应用型本科院校不仅在创新创业教育方面的基础落后，还受到办学资金、政策支持、师资力量等方面的制约，发展缓慢。

（二）资金和政策制度保障不力

大部分应用型本科院校的创新创业教育，并没有形成一套完善的政策制度以保障其运行，而相关部门对于创新创业教育这种不能起到立竿见影效果的活动投入资金不积极，缺乏政策制度的保障和资金的投入，创新创业教育发展缓慢。

（三）教育形式及内容创新不够

应用型本科院校顺应形势，在创新创业教育方面进行了积极的探索和实践，有些高校还形成了自己的特色经验和模式，但总体上，在教育的形式和内容的创新方面还存在诸多问题。一方面创新创业教育的形式主要以课堂讲授、专题讲座等灌输式的传统教学手段和方法为主，这种教学形式以完成教学任务为主，不受学生欢迎，起不到明显成效；另一方面创新创业教育的内容偏向于政府各类政策、创新创业的基本理论和案例分享等，使学生缺乏体验式的学习环节。

（四）发展不平衡

应用型本科院校与综合性重点大学相比，学科、专业的数量较少，其中很多以经管类、工科类专业为主的院校，因为学科与创新思维更加贴近，很早就开始有意识地培养学生的创新创业意识，因此在创新创业教育上也起步较早，发展更快。比如，浙江万里学院提出了"育创新性人才，建创业型大学"的办学理念，早在2010年以前就创立了校园孵化基地，设立了基金，还开设了创新创业相关课程，毕业生创业率也是连年攀升,2010年被教育部确定为创业教育实验区。而大部分应用型院校创新创业教育效果并不尽如人意。

(五)师资力量不足

应用型本科院校在创新创业教育师资力量的准备上不仅数量不足,而且大多数教师虽然拥有较高的学历,但缺乏在政府、企业等实务部门的经历和锻炼,知识结构也很难符合理论和实践的全方位要求。

(六)缺乏实践平台

应用型本科院校由于资金投入、制度保障不到位,在创新创业教育的实践平台建设上投入力度不够,校内孵化基地建设不完善或利用率不高,同时缺乏校外的实践基地。学生往往停留在理论层面,缺乏实践平台的历练,这是创新创业教育实效性低的重要原因。

第三节 大学生创新创业教育存在的问题及原因分析

创新创业教育是当前和今后高校教育改革的一项重要内容。经过近几年的探索和发展，高校创新创业实践教育改革思路基本形成，但还需要不断的研究和深化，将创新创业教育与现实社会发展需求相结合，促进高校大学生更高质量创业。

一、大学生创新创业教育存在的问题

（一）创新创业理念认知不清，学生创新创业意识淡薄

创新创业教育在我国发展历史还不长，创新创业教育的内涵尚未达成一致。问卷调查结果显示，对创新创业理念认知偏差主要表现在以下几个方面：

1.教育教学活动仅限于理论知识的传授，忽视对创新创业素质的培养，或者实践活动流于形式或只针对部分精英学生，没有真正达到全面提升学生创新创业能力素质拓展的终极目标。

2.许多人没有认识到创新创业教育的内涵和意义，误以为创新创业教育就是教学生开"公司"或者是"颠覆传统"，曲解了对创新创业人才培养的定位。

3.许多人认为创新创业教育的开展意义不大，是学生毕业以后的事，是就业问题下下之策，只是极少数人的事。

4.社会对创新创业教育认同度不够，对有创新创业想法的毕业生不够理解和宽容导致许多学生不敢轻易冒险，害怕失败。

另外，高校学生普遍来讲还是非常关注未来发展的。部分非重点

高校学生对自己所在的学校比较缺乏认同感，学生自身存在缺乏自信心、信息滞后、盲目行动和设计规划、执行力低下等不足。一部分学生家庭条件优越，起点高；一部分学生经济困难，压力大；更多的学生缺乏目标，盲目跟进。以广东培正学院为例，针对样本毕业后的选择来看，有64%的样本选择就业不成功才创业，而直接创业的群体仅为7.9%。这也说明学生很想学习创业知识，但并没有直接打算创业，创业被当作就业不成功的第二选择。由此可见，学生创新创业意识是比较薄弱的。

（二）创新创业教育师资力量薄弱，创新创业教育实践结果不理想

由于创新创业教育在我国还处于发展的萌芽阶段，为人师者"传道、受业、解惑也"，教师首先要有创新创业意识，才能引导和培养学生这方面的兴趣、意识和能力，常言说弟子的修为得靠"师傅领进门"。然而，这方面的师资队伍较为薄弱，没有一支优良稳定的创新创业教育教学科研队伍。虽然绝大部分教师是硕士、博士，但他们也是走出校门又迈入校门，知识较丰富，但缺乏创新创业的经历和经验，没有参加过一线的实际锻炼，没有接受系统的培训，更不具备实践指导能力，这就造成了在教学过程中只会理论说教，理论和实践严重脱节，甚至滞后。薄弱的师资力量，加上教学内容和模式几乎停留在单一的理论层面，教师队伍实际情况难以适应形势需要，难以达到创新创业教育的最终目的。

由于主客观条件的限制，我国大学生创新创业成功比例很低，实践效果不很理想。据不完全统计，中国每年只有约1%的大学毕业生走向创新创业之路，而美国有30%左右，日本有18%左右。这些数据说明，我国大学生创新创业率远远落后于教育发达国家。调查结果显示，在创新创业教育实践环节无法得到有力保障，实践结果自然很

不理想。我国教育形式主要以课堂教育为主，而仅有的课外创新创业教育实践活动主要体现于活动本身的开展，其活动效果得不到保证，通常是在校内组织几场创业演讲或举办几次技能大赛而已，而且只有少数同学参加；极少有面向全体学生的校外实践，即使有，也往往流于形式，起不到实践教育的效果。在创新创业教育实践上指导思维限于"天马行空"和"纸上谈兵"，教学质量得不到保证，而且创新创业教育过程与实践活动和市场结合的活动较少。受种种条件的制约，各高校的创新创业教育发展水平不平衡，差异显著。实践结果不理想的主要原因在于实践教学体系不完善，缺乏配套的实践类课程，没有相对稳定的实践实训基地。没有有力的支撑是限制实践活动向校外拓展的原因。

（三）学校对创新创业教育工作重视度不高，而且缺乏专业化的实施创新创业教育的师资

我国虽然已有越来越多的高校开始意识到对学生进行创新创业教育的重要性，且已相继开设了创新创业教育课程，但是，从总体的情况来看，对其重视及普及程度仍有待提高。大部分高校，只是停留在开设创新创业理论基础课程的层面上，存在授课流于形式的问题，这是缺乏成熟的创新创业教育理念而导致的。

大部分民办高校没有专业化的实施创新创业教育的师资，一般由校内相近专业的专职教师教授创业基础理论类的课程。师资不足的情况下，由一些行政和教辅人员以兼课的形式进行授课，创新创业教育课程师资明显不足，师资是创新创业教育的瓶颈问题。创新创业教育是一个系统工程，创业教育具有较强的实践性，对于师资的要求非常高，既要求教师知识的复合性，又要求其在创业领域的专长性。然而现有的高校人才引进制度和人事管理模式难以吸引到众多优秀的创新

创业教育师资投身其中。

（四）创新创业教育课程体系不够完善

1. 创新创业教育课程覆盖面狭窄

我们总希望接受创新创业教育的学生日后走向自主创业的道路，因此，会针对性地对某一部分具有创业潜质的学生进行重点培养。事实上，创业精神培养的不仅是学生创业的能力，更是学生主动寻找工作机遇的创新能力，因此，创新创业教育应当面向更多的学生而不仅局限于某些学生。

2. 创新创业教育课程质量不高

质量是高等教育的生命线，目前创新创业教育课程尚未形成统一的标准。一方面，大多数的高校在进行创新创业教育时，只停留在实务讲座或者创业大赛的层面上，理论教学知识蜻蜓点水；另一方面，高校只管"教育"，而不管"评估"与"反思"，一味地将知识灌输给学生，缺乏一套全面的衡量标准。这使得学生无法直接接触创业企业，直观了解到创业所需的素质及技能，同时更浪费了国家的教育资源，成为创新创业教育发展的瓶颈。

3. 创新创业教育课程的资源欠缺

创新创业教育资源主要包括高质量的教师队伍、专门的创业组织机构、充足的资金、成体系的法律法规的保障、有丰富理论并提供评价的各类创新创业教育期刊。这些资源使得创新创业教育源源不断地得到滋养，也是一些国家创新创业教育成功的硬件保证。如果没有这些丰富的资源，即使有良好的创新创业教育环境、适合的创新创业教育土壤、前瞻性的创新创业教育理念，一切也会是纸上谈兵，创新创业教育会陷入"巧妇难为无米之炊"的困境。

4. 创新创业教育课程类别单一

一般民办高校只有创业理论类课程，创业理论类课程主要由金融、财务、法务等与企业运作密切相关的部分组成。其目的是加强学生对创业背景知识的理解，在集中性的创新创业教育中激发学生创新创业的动力。创业实践类课程是对理论类课程的补充和加深，例如企业见习等，这类课程能够让学生亲自动手参与互动实践，比起理论类课程，实践类的创新创业教育课程能够给学生提供实践平台，锻炼学生的主动性。创业实务讲座主要是聘请一些校外的企业家，定期或不定期地传授创业经验，讲授创业心得，让学生对创业有一个形象化的认识。因此，应该增开设创业实践类课程和创业实务讲座。三类课程各有侧重，相互交叉，融会贯通。

（五）实践活动和实践基地无法满足教学的需要

大学生创新创业训练项目数量不多、质量不高、效率低。学生科研项目少，实验室建设滞后，实验教学基地建设数量不足，维护不好等，严重地影响了实践教学课程的开展，满足不了教学的需要。在这样的实践环境下培养出来的学生实践能力不强，实践基地的建设也跟不上时代步伐，导致学生学不到太多东西，也不愿意到实践基地去锻炼。

二、大学生创新创业教育存在问题的原因分析

（一）传统观念约束

中国社会基因的某些历史传统，从思想层面上阻碍了大学生创业观念的更新，从而形成了高校创新创业教育的最大障碍。我国传统的儒家文化导致的守旧意识、"中庸之道"哲学、"不患寡，而患不均"的平均主义思想、"重农抑商"和"学而优则仕"等传统思想，严重

影响了当代大学生，不利于大学生竞争意识的培养和提高，可以说，我们的传统文化缺乏鼓励个人创业的文化底蕴，长期处于这种环境下的大学生表现出信心不足，主动性、独立性和进取精神差，缺乏强烈的个性意识和创业欲望，不利于创新创业教育的发展。

1. 管理者的传统教育观认为，高校只要使学生掌握了一定的专业知识，练就了一定的技能，走出校门后就能够找到一份适合的工作，就算圆满地完成了自己的使命。因此，在对学生的就业教育中，只注重了对学生择业知识与技巧的传授，而对学生在创业过程中所遇到的诸如创业程序、创业基本知识、创业中常见的问题及解决方法等则谈得很少，甚至根本不谈。

2. 教师的传统教育观认为，青年学生知识少、阅历浅，在经验、技术、人际关系等很多方面还不具备创业条件，因此，在大学生走出校门之前就指导他们如何创业还为时尚早，结果造成了绝大多数大学生在创业问题上出现了不想、不敢、不会创业的不正常现象。

3. 家长和学生的传统就业观认为，只要有大学毕业文凭，将来就会出人头地，就能够找到理想的工作。从而导致学生在大学生活中不注意自己综合素质的培养，一味只看文化成绩，重学历，不重视学习方法和创新创业意识的培养，只想毕业后能够找到一个安逸、体面、收入高的工作，从未考虑过自主创业。这都是典型的传统教育思想在作祟。

（二）教育资源严重不足

中国是一个人口大国，生产力发展水平相对落后和人口众多的国情使我国教育资源严重不足，教育资源不足的状况必将对我国创新创业教育的开展产生巨大影响。

1. 教育人力资源不足的状况对我国创新创业教育的影响

教育作为一种培养人的活动，它的资源组成之一——人力资源，既可以体现在生产者上，又体现在生产的"产品"上。从广义上讲，凡是与教育有关的人士都属于教育的人力资源。从狭义上讲，教育人力资源主要指从事教育工作和为教育服务的人员。就狭义的教育人力资源——教师而言，我国大学阶段的教师总量存在着严重不足。按照普通高校生师的比例计算，教师队伍的缺口将达11万人，我国目前部分高等学校的普通文化课教师尚且缺乏，更不用说在创新创业教育师资数量和质量上的保证了。

2. 教育财力资源不足

教育财力资源，即人们通常所说的教育经费。我国政府教育经费投入不足，不仅低于发达国家，甚至低于一些新兴工业化国家和同等水平的发展中国家，财力资源不足的状况直接影响我国教育的整体发展进程。虽然创业教育实施所需的财力部分来源于社会上的资金捐助，并非像义务教育一样全部由国家承担，但是国家也必须承担少部分创新创业教育费用。在我国目前生产力发展水平不高，现有教育投入水平较低的情况下，国家对创新创业教育实施的财力支持必然会十分有限。

3. 教育物力资源不足

教育物力资源就是通常所讲的"硬件"条件。在我国，由于教育内部各种支持系统的能力不足，特别是受教育投入等因素制约，我国还普遍存在办学条件差，教学基础设施落后，教育技术现代化程度较低等问题。物力资源是有效开展创新创业教育活动的前提条件之一，我国教育物力资源的不足必将对教学方式方法的选择产生巨大的负面作用，从而使教学的灵活性、生动性受到影响。

因此教育资源的不足,使得我国高校创新创业教育的师资建设不完善,从而导致了创新创业教育缺乏系列课程等问题的出现。

(三)学校缺乏成熟的创新创业教育理念

开展创新创业教育,学校对这项工作的重视度不高,说明高校对创新创业教育在新经济时期的战略意义缺乏明确的理解,对创新创业教育的开展停留在模仿学习阶段,缺乏创新创业教育的动力机制。原因在于很多高校对创新创业教育存在认识和实践上的偏差,创新创业教育未能发挥其应有的功能。

部分高校未能将创新创业教育与学校整体工作很好地结合,创新创业教育机制尚未建全。创新精神在学校的顶层设计、整体计划和教学安排中还未能得到充分的体现。部分教学单位在具体开展教学工作过程中,实施创新意识不强,主动性不够,未能在实践中总结经验,成效不明显。

(四)学生对创新创业教育的认识不够,缺乏主动性

一些大学生创新创业意识薄弱的主要原因在于他们对创新创业缺乏深刻认识。目前的就业形势比较严峻,许多大学生打算通过追求更高层次的学历或者通过多拿几个证书等途径实现自己对成才与成功的渴望,因而他们把前途押在了考研、考证、考公务员、出国深造等方面,不愿深入了解创业现象和创业活动。

创新创业意识薄弱的其他原因:首先是学校自身条件限制,领导不重视,教师难培养;其次是民办院校地理位置决定其相对闭塞,难以形成区域创新创业的氛围;再次是高校教育虽以商科和文科为主,但还是以学历教育为其主要目标。创新创业教育虽然普及,但创新创业项目的设计孵化条件薄弱,吸引力小。这跟学校宣传力度、重视度

有关，也跟学生的家庭环境和对就业形势的了解程度有关。高校的生源一般来自条件比较好的家庭，他们一般不会担心就业问题，对就业形势也不关心，因此他们在校期间很难积极地参与创新思维、活动的训练，不注重综合素质和创新意识的培养，这样导致毕业生就业竞争能力变弱，不利于自身发展和缓解社会就业压力的状况。

（五）创新创业教育课程尚未形成完整的体系

伴随我国越来越严峻的就业形势的到来，我国高校的创新创业教育课程有一定的增加，但尚未形成一个完整的课程体系。普遍存在着课程不够灵活、课时相对较少、内容不完整等诸多问题。不少高校的创新创业教育一直是形式主义，只是将创新创业课程与下次课程的实践相互结合，利用创业讨论会、比赛等形式开展创新创业教育。大部分学生的创业设计一般也都是只为参加比赛，基本没有将其进行实际运作。而且各个学校的创新创业课程极少融入经济发展迫切需要的新办法、新工艺、新技术、新知识。很多高等院校将创新创业教育划归为选修的课程，进而导致创新创业课程不具备必要的系统性与实用性。

创新创业教育教学质量不高的原因是现在大部分院校依旧使用单一的考试分数来对学生的学习好坏进行评价，不过这样的方式并不适用于创新创业课程的综合评定。对于创新创业课程的评定方式并不应当是单一的评价方式，而应当综合各个方面去进行评定。评定的内容应当包含各个方面，并且应该针对每个方面所占的影响比例进行评价权重的分配。创新创业教育应当从学生的能力、精神和知识等各个方面为评价指标进行教学评估。教学评估未能起到很好的教学反馈作用，因此未能正确地引导学校和学生进行创新创业教育课程的学习和反思，教学质量得不到提高。

(六）社会创新创业环境限制

系统完善的创新创业教育文化环境，除了要有良好的校园文化环境外，社会文化环境也在很大程度上影响了大学生接受创新创业教育的主动性和积极性。因此，创新创业教育不仅仅是单纯的学校行为，而且还是政府、社会和学校的共同行为，它的实施是一项系统工程。社会传统文化惯性给大学毕业生在创业的人际环境上带来了负累，社会对创业的态度未形成支持、鼓励的氛围，这些外部环境因素对特别需要协作精神、创新精神和进取精神的大学毕业生有较大负面影响。同时，对于政府层面，由于大学生并非我国现有创业大军的主体，工商、税务方面对高校毕业生创办公司虽有一些优惠政策，但从企业制度、人事制度、投融资制度上也未见有很大帮助，还没有形成一整套支持大学生创业的政策和法规。

社会投资支持力度不够，创新创业教育基础设施不够完善，创新创业观念还没深入人心，与之相配套的政策、法律体系还没有建立起来。政府对创业培训、商务支持等方面的实施力度还有待加强。在经济环境方面，大学生创新创业的启动资金融资困难、门槛高，阻碍了其在经济社会中的竞争力。另外，在行政管理方面，大学生创新创业活动并没有从政府那里得到多少具体的支持和优惠，相反，还存在一些对刚走出校门的大学生不利的条款。

第四节　大学生创新创业教育问题的对策

创新创业教育涉及高校、政府、企业、家庭、学生等多个方面，它们相互影响，相互支持，构成完整的创新创业教育生态培育体系。

高校创新创业教育的开展需要政府、企业、家庭、学生的大力支持；政府的创新创业战略需要高校、企业、家庭、学生的贯彻落实；企业的壮大发展需要更多具有创新创业素质的人才支撑；家庭、学生需要不断提高创新创业能力，开创美好的未来。

一、转变传统教育理念

（一）变"适应性教育"为"创造性教育"

海阔凭鱼跃，天高任鸟飞。长期以来传统教育思想扼杀了学生的创造力，大学生不敢挑战，不敢表现个性。部分高校对创新创业教育没有予以充分重视，不能发挥创新创业教育应起的作用。高校肩负着时代赋予的使命，需要将创新创业教育提高到等同专业文化教育的高度。教育正经历着一场缓慢而深刻的革命。高校应引导学生转变思想观念。具体操作形式不仅仅在课堂，还在课堂之外，开发"第二课堂"，将国家政策性的大学生自主创业工作看作规定动作，根据学校的办学水平、层次自主进行选择，用创新创业教育思想指导教学育人的全过程。

（二）借鉴外国先进经验，取长补短

他山之石，可以攻玉。国内很多高等院校的创新创业教育发展得也很迅速，拥有相对完善的课程，正乘着国家倡导"双创"的有利时机乘风破浪前进。国外教育课程通常以现实创业环境状况为教学切入点，以创业演练体验式教学为重要形式，经过模拟或实践，激发创造的热情。有条件的院校让有志于创新创业的学生牛刀小试，体验个中滋味，在创新创业的过程中尝尽酸甜苦辣。这种崭新的教育模式，使同学们找到了最适合自己的创业方向。有的院校拥有较为完备的配套

服务设施，创新创业教育研究和实践体系构建已趋成熟，内容很充实，经验极其丰富，并取得了骄人的成绩，值得学习借鉴。

（三）完善人才综合素质评价体系

现有的高等教育"重传授轻参与""重课堂轻现场"，考核评价内容"重知识的记忆，轻能力的掌握"，难以有效推动学生综合素质的提高。从人才培养模式的角度评价，教育质量跟职业技术岗位挂钩或同步配套，给操作造成一定的难度。在追求学科的完整性、逻辑性基础上，满足实际需要的前提下，科学地对教育对象进行价值判断，这直接体现了人才培养规格和人才质量的价值评判。作为素质教育核心的内容，创新创业教育必须纳入到人才综合素质评价体系中来。《教育部关于全面提高高等教育质量的若干意见》提出了重要评价指标，把创新创业教育的教学质量、创业质量等列入标准。以创新创业教育为重点的人才综合素质评价体系必然得到加强，势必进一步完善。

二、不断增强大学生创新创业意识

创新创业意识作为学生创新创业应当具备的一项重要因素，在无形中影响着学生对于创业的具体行为与态度。所以，各高校要增强大学生的创新创业意识。民办高校应更新教育思想理念，彻底认识到创新创业教育的紧迫性、必要性、重要性。高校应充分掌握创新创业教育和就业择业教育、素质教育、专业技术教育的内在关系，不断摸索创业型人才培养规律，积极开展人才培养模式改革，将创新创业教育渗透到学校的教育教学改革中，贯穿于人才培养的全过程，形成以协助大学生完成创业的各项具体事务为宗旨，以增强大学生创业能力及意识为关键，以进行实际创业活动作为锻炼载体，以培养大学生创业的精神和兴趣作为核心的创新创业教育新思想。

  同时,高校还应积极推动创新创业教育的广泛宣传。大力宣传大学生独立创新创业思想与创业教育内容,为大学生创业创造积极的社会环境。利用互联网、电台广播、图书报纸等新闻媒体,大力用好国家与地方政府在大学生创业方面的优惠政策、便利措施,对创业成功的大学生进行积极宣传。让创业成功的这些大学生现身说法,或进行巡回演讲等活动,培养大学生创业的激情,以此使他们确立正确的成才观念、就业观念以及创业观念。

  高校应在校报开辟主题专栏,宣传创新创业教育开展情况,以扩大创新创业教育的社会影响力,增强大学生的创新创业意识。

三、不断深化教育体系改革

(一)打造创新创业教育师资队伍

  建设高素质、多元化、专兼职的创新创业教育师资队伍,是培养学生创新创业精神和能力的前提。教师只有在自身有了一定的创业意识之后,才可以进一步从社会实践和教材中提取创新创业教育的培养内容,将创业思想融入日常的教学活动之中,真正将创新创业教育落实到课程当中,进一步培养学生的创新精神和创业意识,促使学生形成更加完整的创新创业素质。所以教师要跟上社会的进步、时代的发展,能够从各方面提取信息,及时了解、学习并掌握好的教学方式,然后勇于对教学课程和教学计划进行革新,使学校真正为社会、为国家提供更好的人才资源。学校要进行创业方面系统的、专业的培训,引进优质的创业教育类教师资源,进而组建更高水平的创业教师团队。组建高素质、多元化、专兼职创新创业教育师资队伍从以下三方面着手。

1. 校内师资

民办高校师资的特点是年轻化和老龄化两端偏重，创新创业教育师资队伍主要由创业学院专职教师、各教学院（系）实验实践教学教师、创新创业教育教学兼职教师（包括行政人员、辅导员、校外兼职教师）和实验室技术管理人员组成。把创新创业教育融入通识教育与专业课程教学和大学生职业生涯规划与就业指导中，贯穿人才培养全过程。这要求每个本科专业至少要有一名专业教师兼职创业基础等创新创业基础教育课程的教学工作。全体教师在课程理论教学和实践教学中，都要有意识地向学生灌输创新意识和培养创业能力，积极参与学生创新创业实践训练的指导工作。辅导员、大学生职业生涯规划与就业指导课程兼职教师也要融入创新创业教育教学。

2. 校外师资

聘请校外创新创业教育导师，聘请企业家、创业成功人士、专家学者、企事业单位管理人员、专业技术人才和能工巧匠等担任创新创业教育导师。

3. 大力开展创新创业师资培养培训

制订长期的教师培训计划，组织专兼职创新创业教育教师参加培训。专职创新创业教育骨干教师进行国家级培训，分批遴选相关教师外出参加创新创业培训进修，与专业培训机构合作，邀请国内外创新创业教育专家进校开设创新创业教育师资培训，鼓励教师到企事业单位进行挂职锻炼，参与社会创新创业实践活动，不断提升创新创业教师队伍的专业素质。

（二）营造良好文化氛围

文化的影响是深远的，榜样的力量是无穷的。利用一切宣传手段，在各个环节融入创新创业精神，达到全面宣传创新创业精神的教育目标。此外，树立勇于创新创业的榜样，通过大赛等形式奖励支持有志于创新创业并取得成功的学生，使同学们形成崇尚的目标，鼓励个性张扬，保护突破性的创造行为，这样才能逐渐形成敢于创新创业的氛围。

（三）搭建实践教学平台

教育必须服务于社会。实践教学是实践能力培养的重要环节。高校应构建创新创业实践教学体系，搭建多样化的实践教学平台，让每一个学生都能实际动手，学以致用。借助校外第二课堂，加强校企合作，拓展校外实训基地。深入企业，体会其中的乐趣与艰辛，锻炼学生的应用能力、社会实践能力、创新能力，从此增强创新创业的信心和决心。

所以，创新创业教育实践教学环节不能仅停留在课堂上，或举办几场讲座、培训上，而要推进实施体验式教学，强化校企合作，切实加强创业实践基地建设和成果孵化基地建设，创建大学生创新创业实践基地，让学生边学习、边实践、边创业；通过校企联合的模式，广泛搭建学生实习、实训、创业和就业的综合服务平台，让学生走进社会，这才是提高创新创业教育实效的必由之路。

四、充分发挥政府保障职能

（一）制定有利于创新创业的政策和制度

及时出台相关针对大学生的宽紧有度、灵活方便的创新创业政策。通过国家政策的倾斜调整、各级各类指导机构的建立，政府有必要联合其他部门发起一些促进大学生创新创业教育的重要项目，为大学生创新创业教育的顺利开展提供有力保障。建立健全创业创新的体制机制，保护创新创业的积极性。为创新创业营造宽松的政策环境，尽量解除创新创业者的后顾之忧。

（二）完善与创新创业相关的法律、法规体系

任何一个法治国家，创新创业教育活动的开展都是以完备的法制为前提的，仅在美国与之相配套的相关法律、法规就有几十部之多。政府要尽快制定出台规范高校创新创业教育及其配套的法律、法规、规章以及具体的实施细则，加强创新创业相关法律、法规的建设。各省市也要出台一系列配套措施，内容涉及开创、融资、税收、培训等方面，为创新创业创造良好有序的外部环境，确保有法可依，从根本上保障高校创新创业教育稳定、健康、快速发展。政府的优惠和鼓励政策，作为创新创业教育外部环境的重要组成部分，将是一个有效的助推器。

（三）建立多渠道创新创业的基金来源

刚从校园出来的大学生，除少数有家庭支持外，多数都将面临资金难题。而我国对高校创新创业教育的资金投入少得可怜，"雪中送炭"的项目更是难以得到政府资金支持。国内银行融资服务又往往被国有

企业和集体企业所独享。因此，建立多渠道基金来源，吸收风险投资、发动民间协会和慈善组织或公益性基金等，广泛争取各类资金支持，为创新创业教育的开展提供有效的资金保障。加快建立和进一步规划创新创业教育投资机制和投资政策扶持体系。政府可以借鉴发达国家经验，如争取校友及慈善机构投资，或设立"大学生创新创业教育基金"，以此来保障大学生创新创业的基金来源。

五、构建与专业教育相融合的创新创业教育体系

（一）通识教育

通识教育课程（公共必修课和公共选修课）渗透创新创业的教育理念和内容，培养学生事业心、进取心和社会责任感等思想情感素质，激发创新创业的自觉性，增强社会适应能力。

（二）专业教育

在专业教育中融入创新创业教育的理念和能力的培养。突出专业特色，开展与专业核心课程教学有机融合的创新创业教育，与专业实践教学有效衔接的创新创业实践活动，使学生在掌握专业基础知识、基本理论和基本技能的同时获得开展创新创业活动所需要的专业素质和专业能力。

（三）创新创业基础教育

创新创业基础教育是开展创新创业实践训练的基础。创新创业基础教育立足于传授创新创业基础知识，帮助学生提升综合素质、提高创业能力。创新创业基础教育课程教学，使学生掌握开展创新创业活动所需要的基本知识，进一步激发学生的创新创业热情。

（四）创新创业实践训练

创新创业实践训练是创新创业教育体系的重要内容和主要载体，以创新创业训练课程教学为主体，包括实施大学生创新创业训练计划项目、开展学科竞赛、创新活动和技能竞赛、组织学生科研及课外科技文化活动等等，通过内容丰富、各种层次和不同方式创新创业实践训练，让学生在训练与体验中提高创新能力和解决实际问题的能力，提高创新创业技能。

（五）创新创业实践（自主创业）

创新创业实践活动，是创新创业教育最高层次的训练环节。通过自主创业，学生在实战中锻炼创新创业能力，促进学生创新创业与就业全面发展。

六、构建完善的社会支撑体系

（一）创造良好的创新创业环境氛围

"蓬生麻中，不扶自直"，有什么样的环境氛围，就会培养出什么样的人才。创新创业教育的成功不仅取决于个人的努力，更需要浓厚良好的创新创业氛围。教育部应牵头，省级主管部门积极协调配合，共同为大学生自主创新创业提供新的支撑平台。教育部也指出，力争在政策、程序方面为大学生提供方便，积极开发利用各种资源，用以扶持大学生创业。只有通过切实有效的政策支持和良好的创业环境相结合，才能使得大学生创新创业教育活动有效开展并取得成功。国家应建立相应的工作机构和服务体系，组织经验丰富的教师、企业家、政府有关部门共同开展解读、咨询、协调等各种相关服务，建立起社会化的创新创业教育的良好环境。

（二）动员全社会创建各种支援体系

创新创业教育支援体系内容丰富，结构庞大，涉及很多的利益相关者，比如家庭、社会、媒体、政府、学校和企业等。而社会的普遍认可、政府的提倡，非政府组织的参与、企业的接纳、学校的积极行动都能带来良好的创新创业教育环境，为创新创业教育搭建平台。高校除了内部努力开展创新创业教育，整合校内资源外，还应建立政府、高校和社会之间的有效沟通协作机制，大力开发社会扶持力量，加强与兄弟院校的交流合作，构建大学生创新创业教育体系，使更多的学生成为创新创业教育的受益者。

七、构建长效的运行机制

（一）建立和完善创新创业教育管理平台

建立一个完善的创新创业教育管理平台是创新创业教育取得实效的充分保障。目前，应用型本科院校创新创业教育普遍存在的问题就是没有完善的创新创业教育管理平台。学校应该将创新创业教育工作纳入学校重要议事日程，建立起规范、科学、系统的管理平台。成立独立的创新创业教育研究部门，专门负责创新创业教育的实施与管理，如制订创新创业教育的实施方案，负责创新创业教育活动的组织、指导、督促、协调和管理。人事处、教务处、团委、学生处等职能部门和二级学院则负责组织实施小单元化的创新创业教育管理和服务工作，形成"多方参与"的创新创业教育协调机制，整合利用各部门教育资源，以保障创新创业教育工作的顺利实施，实现效果的最大化。

（二）完善创业教育教学管理评价机制

创新创业教育列入高校教学水平评估的考核指标，从制度上确保高校创新创业课程的实施。在保证创新创业教育顺利开展的同时，高校应对创新创业课程的教学质量进行严格的督查，建立科学合理的创新创业课程教学质量评估体系，通过专家评价、教师互评、学生评教等形式对教师的教学态度、教学水平、教学方法和教学效果等方面进行全面评估。同时出台相应政策，将评估结果与教师绩效工资相挂钩，以提高教师对创新创业课程的重视程度，促使其不断改进教学方式，提高教学质量，保证教学效果及学生培养质量。

八、拓展实践基地建设

（一）科学合理建设和利用校内创新创业孵化基地

随着各高校对创新创业教育愈来愈重视，众多的应用型本科院校也相继建立了自己的校内创新创业孵化基地，但大多数基地的硬件设施、软件配备、运行方式等还不成熟，存在诸多的问题，基地的使用效果大打折扣，没能发挥出应有的作用。

一是基地建设的资金往往来自学校或政府的拨款，容易出现钱多办大事，钱少办小事的情况，可以参考国外高校民间、企业、校友募捐的做法缓解资金短缺问题。

二是在基地的建设方面，除了保证基础的硬件设施、相关仪器设备之外，还应考虑通过多种方式，形成基地内的良性竞争，促进学术氛围。

三是在孵化器的建设方面，除了加强宣传，保护学生的创业热情之外，对于扶植的项目，要有规范完善的保障制度。

四是在保证基地硬件配备齐全的基础上，要注重基地软件的配套，为基地配备专业的指导老师，对孵化项目全程深入跟踪指导，同时出台相应的保障制度和措施，保证师生的参与热情和权益。

（二）拓展校外创新创业教育实践基地

一个成熟的创新创业教育平台需要若干个校外实践基地的支持，创新创业教育的最终目的还是应用于实际，仅有校内实践基地显然是不够的，必须积极拓展校外实践基地。对于校外创新创业教育基地的拓宽，应用型本科院校应积极寻求和整合各方资源，发挥自身特长，在校企合作、产学研合作方面做一些延伸和探索，各学科、专业发挥资源优势，在地方特色经济开发区、产业园、科技园等经济产业密集区积极开拓，打造专业的校外实践基地。

（三）其他模式创新创业教育实践基地的开拓

少数高校已经完成或正在努力尝试将校内的工科实验基地过渡成创新创业教育基地。例如，西南交通大学在1997年成立"超导技术研究所"，此后承担了国家"863"计划、国家自然科学基金等重大科研项目十余项，并于2000年研制成功世界上第一辆载人高温超导磁悬浮试验车，2003年该所成为学校重要的创新基地。部分应用型本科院校也可以此为参考，发挥校内工科实验基地创新的特色优势，将其过渡为创新创业教育基地，使更多的学生能参与其中并受益。

九、建立多元化、系统化、开放式的教学评价标准

教学评价上应秉持多元化、系统化、开放式的评价标准，具体可包括以下模块或指标：课堂教学中的团队合作、市场调研或问卷调查、创业认知作业和商业计划书的撰写等实施情况，课堂教学外的大学生创业类比赛获奖情况、学生创业类社团建设情况、大学生发明专利情况、大学生创业数量和吸纳大学生就业情况以及大学生创业实践基地、

孵化器、产业园等平台建设情况、校园创业文化建设和社会影响力情况以及创业导师团队的建设情况等。总之，所有能够体现大学生创新创业价值的元素都可成为创业教育课程教学评价的支撑，避免传统的教学评价方式所产生的错误引导。

十、全方位加强创新创业教育课程体系建设

（一）拓展通识教育课程以提升大学生的社会适应能力

拓展通识教育课程（公共必修课和公共选修课），面向全体学生开设思想政治教育、外语、计算机基础、法律、伦理学、心理学、公共关系、艺术美学、社交礼仪、科技发展史等基础课程，开展多种形式的社会实践活动，帮助学生更好地认识和适应现代社会，培养人文修养、创新精神、创业意识、良好的职业态度和社会责任感以及信息收集、分析综合、沟通表达、团队合作等社会适应能力。

（二）融创新创业内容于专业教育中

根据不同专业的特点，灵活实施创新创业教育。整合优化专业教学内容，充实前沿理论、新技术、新工艺，同时加强实践教学，进一步完善培养应用型人才的实践教学体系；强化"专业基本技能实验（实训）教学"和"专业能力综合训练"，把创新创业教育渗透到专业实验、实训、实习和毕业论文（设计）等实践教学环节。以协同创新为引领，强调校企优势互补、深入融合、互利共赢、共同发展，使教育与生产劳动和社会实践相结合。

（三）加强创新创业课程建设

创新创业基础教育课程建设包括知识类课程和技术类课程两

大类。

1. 创新创业知识类课程建设

以创业基础课程为重点开设创新学、创造学基础课程，邀请各专业领域专家开设创新创业教育讲座，向学生传授创新创业的基础知识，使学生了解创新原理，启迪创造性思维，掌握创造的过程、特点、规律和方法；开设创新战略、企业管理、税务制度、经济合同、知识产权等课程，以形成全面、合理的创新创业知识结构。

2. 创新创业技术类课程建设

开设应用经济学、管理学、市场营销、财务管理、人力资源管理、创业风险管理等经济学、管理学基础课程，帮助学生掌握商业机会判断、风险评估、计划书制订、资本筹集、团队组织、企业创建、产品开发、市场营销、项目管理、电子商务、危机管理等创新创业基本技能。

（四）重视创新创业的实训课程建设

学生只有通过实训课程的锻炼，才能很好地检验理论，提高创业成功率，因此，要重视创新创业实训课程的开设。创新创业训练课程建设包括创新创业技能培训课程和模拟仿真训练课程两大类。

1. 创新创业技能培训课程，包括创新创业培训和开展职业资格认证培训

开设或引进如 KAB（Know About Business 了解企业）、SYB（Start Your Business 创办你的企业）、CEFE（Competency-based Economies Formation of Enterprise 基于个人能力基础的公司创建和企业管理）等创业培训课程，开展创业意识培训、创业模拟培训、职场技能培训、商务礼仪培训、创业素质拓展培训、创业团队管理培训、创业法律法规培训、创业理财培训等诸多形式的大学生创新创业培训活动。开设职业资格认证培训课程，使之具有符合国家职业资格制度和行业标准

的职业技能。

2.创新创业模拟仿真训练课程建设，是创新创业教育课程建设的主要内容

以单项模拟仿真训练或综合模拟仿真训练的方式，开设创新创业综合实训、模拟公司综合实习、仿真博弈实训、沙盘模拟训练等课程，在接近真实情境的模拟实战中，获取创新创业的直接经验，认识创新创业的规律，把握创新创业活动的程序和方法。

（五）大力开展教学改革

各高校应根据经济变化和市场需求，鼓励教师个人或者教师团队进行课程改革和创新，凡是有利于培养学生创业精神和创业能力的因素，都可以融入日常的教学活动之中。注重在专业课堂教学中进行创新创业观念和能力教育，教师应当学习并熟练运用实践培训、情景仿真、师生互动等教学模式，注重专业技能锻炼、知识讲解、思想引导的相互结合。

改革"大学生职业生涯规划""大学生就业指导"等课程教学，完善就业教育课程体系，帮助学生做好职业生涯规划，激发创新创业热情；加强就业指导服务，更新就业观念，鼓励自主创业。

改革和完善人才培养方案"创业与就业导向课程"的设置和课程实施机制，开发创新创业类课程，拓宽创新创业教育途径。

改革课堂内外的社会实践活动，加强学生思想品德综合素质的培养。

十一、开展丰富多彩的大学生第二课堂创新创业实练活动

（一）实施大学生创新创业训练计划项目和组织学科竞赛

高校要开展创新创业教育，培养具有创新意识和创业能力的高素质人才，就要组织开展创新创业训练计划项目和学科竞赛，营造创新氛围，培养和提高学生的创新创业能力。大学生创新创业训练计划内容包括创新训练项目、创业训练项目和创业实践项目三类。大学生创新创业训练计划项目是开展创新创业实践训练的重要载体。通过项目实施，强化创新创业能力训练，增强学生的创新能力和在创新基础上的创业能力，培养创新型人才。把培育学生创新精神和创业能力融入专业学科竞赛之中，大力组织学生参加各类学科竞赛、技能竞赛、"挑战杯"中国大学生创业计划竞赛、"挑战杯"全国大学生课外学术科技作品竞赛、"创业之星"大赛等竞赛和各类创新活动，锻炼学生创新创业能力。

（二）积极开展学生科研和大学生素质教育与素质拓展活动

以科研训练项目为载体，积极引导学生参加教师主持的科研课题研究；学校应组织、指导学生开展科研活动，加强对学生创新思维、方法和能力的培养。

同时，积极组织学生科技创新节等第二课堂科技文化活动。支持和加强创新创业类学生社团组织建设，指导大学生创新创业社团开展创意金点子、创业沙龙等系列活动，培养大学生的团队意识。举办创新创业论坛，邀请知名企业家、教育家和成功创业学生、成功校友参与论坛。全面加强大学生科技"三下乡"、社会调查等社会实践活动，丰富学生的创新创业知识和体验，促进大学生在社会大课堂中受教育、

长才干、做贡献。积极开展大学生素质教育与素质拓展活动。

十二、加强校内外实践教育基地建设，打造创新创业实践平台

（一）实验室建设

实验室是大学生创新创业实践教学的主要基地。围绕创新创业教育，以省级实验教学示范中心建设为抓手，大力加强实验教学中心和实验室建设，满足专业课程实验（实训）、创新创业实践训练和学生科研的需要，为学生校内创新创业实践训练提供平台。

（二）校外实践教育教学基地建设

以建设省级、国家级校外大学生实践教育基地为抓手，加强校外实践教育教学基地建设。推进产学研深度合作，以创新机制促进与其他学校和行业、企业、行政事业单位、科研院所、政法机关等企事业单位协同育人，建立学校与企事业单位联合培养人才新机制，在校校合作、校企合作中强化创新创业能力培养，为大学生创新创业教育提供支撑。为专业建立行业背景，开拓应用型人才培养新途径。继续大力推进"走进社会"活动，深入开展地域经济发展需求调研，促进与其他学校和行业、企业、行政事业单位、科研院所、政法机关等企事业单位的紧密合作，建立学校与企事业单位联合培养创新创业人才新机制。

增强创新创业教学的针对性，构建以培养学生职业技能为核心的创新创业教学体系，培养学生专业应用能力、学习能力、与未来岗位需求相适应的工作能力和专业技能。加强实践教学基地及实验教学中心建设，将走访校外实践教学基地工作制度化，将实践基地建成实践教学、创新创业、就业三位一体的合作平台。

（三）大学生创新创业园建设

积极利用学校、社会、企业等各方面的资源，加强大学生创新创业园建设。在大学生创新创业园设立"研发区""实战（孵化）区"和"培训区"三个功能区域，为大学生初始创业者在场地、通信、网络等硬件设施上提供必要扶持；提供政策指导、资金申请、技术鉴定、咨询策划、项目顾问、人才培训等多类创业的服务；引入企业、创业投资、风险投资机构与大学生创业基地对接，选送创业项目进入基地，为创新创业教育提供支撑和补充。同时，在校区建设大学生创新创业园，提供学生自主创业或创新创业实践训练的支持。

第五节 我国大学生创新创业教育采取的具体措施

为深入贯彻、落实《国家中长期教育改革和发展规划纲要（2010—2020）》精神，部分高校创建了"创新创业人才培养实验区"项目，获得省级立项后，以《教育部关于全面提高高等教育质量的若干意见》《教育部关于大力推进高等教育创新创业教育和大学生自主创业工作的意见》为指导，不断开展项目建设，深化改革人才培养模式，强化创新创业能力训练，创建具有鲜明特色、服务于广大地区经济社会发展需要的创新创业人才培养体系，增强学生的创新能力和在创新基础上的创业能力，大力培养适应社会经济发展需要、具有良好的思想品德、扎实的专业基础、较强的实践能力的创新创业型人才。

一、设立创新创业教育的专门机构组织

高校在教学工作中要加强创新创业型人才的培养,构建多层次、立体化的创新创业教育体系,组织制定并落实创新创业教育实施方案,把创新创业教育贯穿于人才培养的全过程。

部分学校首先成立了"创新创业教育教研室",负责组织落实教育部制定的《"创业基础"教学大纲(试行)》,以选修课的形式向全校学生开设"创业基础"课程。之后成立了创新创业教育学院,负责组织开展全校性的创新创业基础教育、基础训练课程等教学活动,组织实施大学生创新创业训练计划项目、协助组织开展学科竞赛、创新活动和技能竞赛、学生科研及课外科技文化活动,协调各教学院、系开展创新创业教育工作。

二、加强创新创业课程体系建设

部分学校不断加强创新创业教育和就业指导服务,积极构建与专业教育相融合的创新创业教育体系,把创新创业教育贯穿到人才培养的全过程,推动创新创业教育科学化、制度化、规范化建设,不断提高教育教学质量。

(1)初步构建了由通识教育、专业教育、创新创业基础教育、创新创业实践训练组成的创新创业教育体系。其中创新创业实践训练包括创新创业训练课程,大学生创新创业训练计划项目、学生学科竞赛、创新活动和技能竞赛、学生科研及课外科技文化活动等。

(2)开展创新创业基础课程和创新创业训练课程建设情况。创新创业基础教育课程以创业基础课程为重点,向学生讲授创新和创业的基础知识,让学生了解创新原理,启迪创造性思维,掌握创造的过程、

特点、规律和方法。部分高校开设了创业基础、创业学、采购学、管理学、市场营销学、财务管理、人力资源管理、创业风险管理等经济学、管理学的创新创业基础课程，帮助学生掌握商业机会判断、风险评估、计划书制订、资本筹集、团队组织、企业创建、产品开发、市场营销、项目管理、电子商务、危机管理等创新创业基本技能。

创业基础课程是教育部《普通本科学校创业教育教学基本要求（试行）》规定本科院校应开设的公共必修课程。部分高校目前开设的课程性质属于创业就业导向选修课，目的是帮助初学者在掌握创业管理基本理论、基本方法和基本技能的基础上，进一步掌握新企业创立准备条件、实务操作及技巧。培养学生的企业家道德与管理素质，使学生掌握创业准备、运营、管理、融资等实际操作技能。激发学生的创业意识，提高学生的创新精神和创业能力。该课程部分高校由市场学系开设，部分高校成立了创新创业教育学院，由创新创业教育教研室负责开设。

创新创业训练课程包括创新创业技能培训课程和模拟仿真训练课程两大类。通过开设创新创业培训课程，开展创业意识培训、创业模拟培训、职场技能培训、商务礼仪培训、创业素质拓展培训、创业团队管理培训、创业法律法规培训、创业理财培训等诸多形式的大学生创新创业培训活动。同时在职业资格认证培训方面开设课程，使学生具有符合国家职业资格制度和行业标准的职业技能。

大学生职业发展和就业指导课程建设。大学生职业发展与就业指导课程主要包括大学生就业指导和大学生职业生涯规划两门课程。大学生就业指导课程以大学生专业知识、技能以及人文素养为基础，通过对就业指导相关理论的阐述和就业实践指导，引导大学生了解国家就业形势和政策，正确地进行自我分析与评价，根据自身特点和社会需求，结合我国职业的分类，确立合理的职业目标。以职业目标为导向，提高职业素养，使其自觉、合理地进行自我塑造。帮助学生掌握求职择业的基本常识和技巧，提高大学生主动适应就业环境变化的能力，增强求职择业的竞争力。大学生职业生涯规划课程是学校通识教育必修课之一，是以心理学基本理论为指导，帮助学生在态度层面树立起职业生涯发展的自主规划意识；在知识层面能够较清晰地认识自我特性、职业特性；在技能层面能够掌握生涯决策及管理技能。

大部分高校均已开设大学生职业发展与就业指导课程，开设教学班，并且选修的学生较多。

三、实行产学研合作——以广东培正学院为例

1. 重视校外实践教育基地建设

广东培正学院法学系花都区人民检察院实践教学基地、管理学院、广州如家酒店管理有限公司实践教学基地分别批准为2012年、2013年省级质量工程大学生实践教学基地建设项目，并得到广东省教育厅、财政厅每个项目25万元的经费资助。2012年7月至2013年7月，学校新增实践教育基地14个。

表3-10 2012—2013年广东培正学院新增校外实践教育基地名单

序号	名　称	有效时间	建设系部
1	广州达人物流信息交易中心	2012.8—2015.8	管理学院
2	赤坭镇委镇政府广州尚瑞堂文化传播有限公司	2012.10—长期	公共管理学系
3	广州尚锐堂文化传播有限公司	2012.10—2015.10	人文系
4	佛山市设计企业协会	2012.10—2015.10	人文系
5	广州花都海豚俱乐部	2012.12—长期	培正学院

序号	名　称	有效时间	建设系部
6	中国建设银行花都支行	2013.1—长期	培正学院
7	广东天坤网德投资有限公司	2013.1—2015.12	会计学系
8	广州市广顺隆进出口有限公司	2013.1—2015.12	会计学系
9	广州市广兴会计师事务所有限公司	2013.1—2015.12	会计学系
10	广州灰塑研究院	2013.4—2015.4	艺术设计系
11	中国移动通信集团广东省公司花都分公司	2013.5—长期	培正学院
12	广州中星网络技术有限公司	2013.5—长期	计算机科学与工程系
13	清远市广州后花园有限公司	2013.5—2014.1	经济学系
14	广东培正学院广州交易会国际旅行社有限公司实习基地	2013.7—2015.12	外国语学院

学校加强与实践教学基地的教学共建与协同人才培养。2013年4月，法学系与花都法院、检察院合作举办了广东省首届民办本科院校及独立学院大学生模拟法庭大赛，比赛案例及审判员、律师直接来自实践教学基地人员。

2. 大学生创新创业园的创建

2012年，学校投资6000多万元在花都市区建立了"广东培正学院大学生创新创业园（花都）"，作为大学生实践和创业基地，支持学生自主创业。为加强创新创业园建设，学校制定了《广东培正学院大学生创业园管理规定》《创业种子基金管理办法》等一系列文件，建立健全创业园的规章制度和运作机制。配备了2名专职老师负责创业园的日常物业管理、孵化团队的指导和管理、申请入驻团队的指导与审批、协助办理工商注册等工作。2013年4月，在花都区委、区政府及有关部门大力支持和推动下,学校联合广州工商职业技术学院、华南理工大学广州学院等花都区其他 7 所高校组成"花都地区高校大学生创意、创新、创业联盟",为花都区其他高校创业学生免费提供经营场所。创新创业园建立以来,组建了大学生创新创业俱乐部,举办了多场大学生创新创业沙龙、创业名师讲坛等活动,帮助各创业团队收集创业资料,协调各创业团队的创业诉求,联系政府、企业、学校落实创业优惠政策。

表3-11 广东培正学院大学生创新创业园入驻项目

序号	项目公司名称	所属学校	经营项目
1	伊宝诺电商团队	广东培正学院	服装
2	名媛加入电商团队	广东培正学院	女装
3	逸淼品牌策划公司	广东培正学院	广告设计、品牌策划
4	电子商务——网店装修	广州工商职业技术学院	企业微信营销、企业电商诊断
5	电子商务——勾魂摄影	广东培正学院	网店视觉装修
6	卓导电子商务有限公司	广东培正学院	电商精英特训营、企业电商总裁班
7	广州君信法律咨询有限公司	广东培正学院	综合法律服务
8	优客广告设计服务部	广东交通职业技术学院	打印、复印等平面广告设计
9	广州映策广告设计公司	广东行政职业学院	广告设计、品牌策划
10	广州偲创企业管理咨询有限公司	广东培正学院	兼职招聘信息服务
11	宏景国际文化传媒有限公司	广东培正学院	书籍经营

四、开展学科竞赛和科研活动

1.部分学校密切结合培养创新创业型人才目标,鼓励学生参加各类学科竞赛和创新活动

重点组织学生参加全国大学生英语竞赛、全国大学生英语演讲大赛、"挑战杯"中国大学生创业计划竞赛、"挑战杯"全国大学生课外

学术科技作品竞赛创业大赛、广东省数学竞赛和全国商科院校技能大赛、全国信息技术应用大赛（IT大赛）等竞赛。

例如，广东培正学院还积极承办学科竞赛活动，除承办首届广东省大学生（民办本科校及独立学院）模拟法庭竞赛外，2013年5月，学校还承办了以"健康从心开始生活因你绽放"为主题的首届花都区大学生话剧大赛决赛。此外，学校每年举办学生"科技创新节"，组织创业挑战赛、ERP沙盘模拟大赛、模拟商务谈判大赛、大学生公益广告大赛、风采大赛暨英语综合技能大赛、创意MVP设计大赛、系际辩论赛、案例分析大赛等各种校内科技竞赛活动。学生通过参加竞赛活动，做到学以致用，培养团队精神及创新精神，充分发挥了学科竞赛在培养创新创业型人才中的重要作用。

2.鼓励学生积极申报科研项目和大学生创新创业训练项目

广东培正学院制定了《大学生科研项目管理办法》《大学生创新创业训练计划项目管理办法》等管理办法，对申报项目范围、申报条件、申报程序、经费的使用等事项做了明确规定。立项项目实行导师负责制，给每个申报项目配备一名指导教师，负责对学生项目进行日常指导。

五、以校友为榜样，鼓励毕业生自主创业

为了解校友的奋斗历程和人生经验，提供创业典型和学习榜样，推动创新创业教育发展，很多高校利用暑假期间，组织教师和学生对省、各市县（区）自主创业的校友进行寻访。例如，广东培正学院组织学生共寻访了100余名校友，收集了56名创业校友的材料。其中，涌现出一批优秀的创业校友。

1.2005届国际贸易专业毕业生何俊良

他是一位"穷二代",怀揣着创业的梦想,大学毕业后从基层干起,用6年的时间,成为拥有4家连锁酒店的董事长。他先后获"中国酒店管理优秀经理人""国际酒店管理杰出贡献人物"等荣誉。2010年,当选中国连锁酒店联盟副理事长。2011年5月获广东省政府8个部门联合颁发的"广东省2010年大学生创业先进个人"称号。在荣誉面前他不断前行,从湛江、东莞向广州、北京等地发展,组建了广东新概念连锁酒店集团、东莞市宽厚酒店管理有限公司等。

2.2010届英语专业毕业生颜伯威

2011年,用自己赚的10万元钱,怀揣"中国梦"回到家乡化州市东山街道上坡村自主创业,办起了家具厂,当选为上坡村党总支副书记,带领村民致富。2013年4月25日《农民日报》刊登《在华西村学创业——中组部、农业部大学生"村官"培训班华西村培训侧记》报道中,称赞颜伯威是"创业型大学生'村官'"。2013年6月,颜伯威被推选为茂名市第七届"十大优秀青年"。

3.2010届外国语学院毕业生陈震安

他毕业后,毅然回到家乡,担任"村官",把自己学到的知识贡献给家乡建设,服务父老乡亲。他担任党代表工作室联络员,参与推动村务公开,还是镇里"创建省级文化站"以及"创建卫生强镇"的小组成员。他和惠州市的上千大学生"村官"一道,为基层注入活力。2011年8月29日《人民日报》以《希望家乡变得更好!》为题报道了陈震安的事迹。"掌上村务"是农村工作的新生事物,在政府的大力扶持下,惠州市的"掌上政务"发展很快。陈震安负责惠阳沙田镇田头村"掌上村务"平台的管理和信息发布,于2012年5月23日通过平台,向田头村村民发送第一条信息。2013年6月,广东省委书记胡春华到惠州调研，了解"掌上村务"平台后，赞之为"创新之举"。

广东培正学院具有开展创业教育的机构设置和创新创业人才培养模式，建设初期，也取得了一些成效，但是，学院的创新创业教育方案还不完善，执行力度还不够，创业教育课程还没形成成熟的体系，创业指导系统还未成型。这就要求学院必须重新审视办学思路，重视培养创新创业人才，以适应社会、企业、市场所需，使培养出来的毕业生在将来的经济市场竞争中立于不败之地。

第四章 国外高校创新创业教育的发展状况和经验

2015年5月，国务院下发的《关于深化高等学校创新创业教育改革的实施意见》标志着创新创业教育上升为国家战略正稳步推进。李克强在2015年《政府工作报告》中多次强调"创新创业"并首次提出制定"互联网+"行动计划。由此可见，培养大学生创新创业精神、提高大学生创新创业能力是我国高等教育的重中之重，也是当今时代发展的主旋律。国外的创新创业教育研究和实践起步早、发展快、体系构建已趋成熟，经验极其丰富，值得吸取和借鉴。

第一节 国外高校创新创业教育概况

一、美国高校创新创业教育概况

（一）美国高校创新创业教育发展历程

美国是创新创业教育起源最早的国家，至今已有60多年的历史，理论研究和实践走在了世界各国的前列。其高校的演进经历了从教学型、研究型到创业型大学的线性发展过程。

1947年，美国哈佛商学院率先设立"新创企业管理"课程，被大多数创业者认为是美国的第一门大学创业学课程，这是创业教育在美国高校起源的标志。美国百森商学院 1968 年率先在本科教育中开设了创业方向的课程。1971 年，南加州大学设立了创业学硕士学位。大部分美国高校从 80 年代开始纷纷构建创业教育课程体系。

美国大量的孵化器和科技园、风险投资机构、创新创业培训中心、创业者校友联合会等外部联系网络有效地跨越了传统的学术边界，成为高校与外界保持联系的重要纽带。

美国的创业教育受到重视有一定的历史原因。20 世纪 60 年代末，美国经济发展放缓，经济结构开始逐渐转型，大型企业所能提供的就业岗位不断减少，中小型企业创业者的增多以及硅谷地区创业的迅猛发展，使创业教育的需求大大增加，人们也越来越重视创业教育。20 世纪 80 年代，以比尔·盖茨为代表的科技创新的创业者掀起的"创业革命"，有力地推动了高校创新创业教育的发展。美国考夫曼创业领导中心 2014 年的报告显示，在美国有 90% 的人认为创业是一项令人尊敬的工作，每 12 个人中就有 1 人想开办自己的企业。美国每年都有 100 多万个新公司成立，这为大学生的创业打下了很好的社会基础。

（二）美国高校创新创业教育的特点

1. 良好的社会创业文化基础与社会保障体系

在美国，85% 的人口为欧洲移民后裔，现在各国精英也不断涌向美国，整个社会崇尚勇于挑战、敢于冒险并且强调个人奋斗、机会均等的思想观念，对创新创业接受度非常高，并且允许失败，良好的社会创业文化促进了大学生创新创业行为，极大地推动了高校大学生创新创业教育的发展。

（1）政府重视。政府出台了许多有利于大学生创业的政策和法律，保证了创新创业活动的有序进行。比如简便的新公司申请手续，较低的税率保证，健全的信用制度等。同时各种创新创业组织机构种类很多，主要有各级各类创业教育中心、创业研究会、企业家协会、创业智囊团等。

（2）金融支持力度大。美国的创业教育资金来源多样，渠道宽广，风险资本市场完善，美国政府设立了专门的国家创业教育基金，成功的企业家会向高校的创业教育中心捐助支持创业教育的开展，很多公益性基金也会通过提供经费的形式资助创新创业教育活动，比如美国的考夫曼创业流动基金中心、国家独立企业联合会等机构通过提供经费支持创业大赛、奖励优秀学生、开发创业课程与实践活动等方式对高校的创业教育提供资金和智力支持。

（3）高校与企业的联系紧密，企业的支持和帮助力度大。比如庞大的校友关系网是哈佛商学院引以为豪的财富，每年哈佛商学院都会邀请众多在实业界做出突出贡献的著名企业家到校讲学并介绍给学生认识，编织宝贵的创业关系网。

（4）组织与支撑网络强大。比如美国中小企业管理局可以为准备创业和正在创业的组织与个人提供低收费或者免费的技术支持。大学内部的中小企业发展中心为创业者提供各类咨询，并通过举办研究讨论会为创业活动提供各种服务。

2. 战略性的创新创业教育理念

创新创业教育，与国家经济发展需求以及国家重视创业型经济发展模式是密切相关的。美国经济的繁荣离不开创业活动的活跃，政府深刻意识到了企业家精神的重要性。通过创新创业教育的实施培养出创业型人才，更好地适应社会工作的要求，为国家创造出巨大的经济价值和社会财富，是美国战略性的创业教育理念。

美国创新创业教育是高校关于"为了每一个学生的自由发展"的承诺，目标是为促进学生的多元化发展而服务，而不单纯是为获得一份工作的"就业式"教育。百森商学院认为,创业教育不是"企业家速成",它强调要推行适应"创业革命"时代的大学创业教育,不以追求眼前功利为目的,而着眼于为美国大学生"设定创业遗传密码",以造就"最具革命性的创业一代"为其价值取向。

3. 完善的创新创业教育研究体系

美国创业教育协会提出,创业是一项终身的学习过程,创业教育是一个涵盖从初等教育到高等教育的全方位教育体系。近年来,创业学已成为发达国家和发展中国家大学里尤其是商学院和工程学院发展最快的学科领域。美国的创新创业教育演进经历了由开始的课程教学到专业教学,再到后来的学位教学的过程;从一开始的片面功利性职业培训到非功利性系统化教学过程,最终形成了较为完善的创新创业教育研究体系。在美国,完善的创新创业教育研究体系有如下特点。

(1)明晰的培养目标。一方面加强学生对企业创建或管理过程的认识理解,另一方面增强学生把创业作为职业生涯选择的意识。

(2)较完备的学科建制。美国建立了创业学专业,并可授予博士学位。例如,百森商学院每年大约25%的本科毕业生被授予创业学学士学位。其他学科尤其是经济、管理、工程专业都体现出创业教育思想,专业教育中渗透创业教育,以此培养学生的创业精神,提高学生创业基本素质。很多大学成立创业中心,有的大学将创新与创业学结合,并入工程专业。

(3)系统化的课程设置。美国大学根据自身的理念将创新创业定为一个专业或研究方向,建立了完善的各有特色的创新创业教育课程体系和教学计划,课程类型主要分为创业意识类、创业知识类、创业能力素质类以及创业实务操作类四大类。内容包括创业理论阐述、典型案例分析和仿真模拟演练三大模块。系统化的课程设计为创新创业教育目标的实现和教育理念的落实提供了科学的基础。百森商学院的"创业学"课程体系被誉为美国高校创业教育课程化的基本范式。斯坦福大学课程体系坚持文化教育和职业教育相结合,通过全过程参与帮助学生探讨和处理创新创业过程中遇到的问题。哈佛商学院建立了全世界最完整的资料和案例库,为研究者提供了良好的学习环境和基础。

(4)卓越的师资队伍。创新创业教育的创新性和创造性决定了它对教师有着更高的要求,雄厚的师资力量是美国创业型教育成功的关键。美国高校的创新创业师资主要由两部分组成:

一是专职教师,此类教师既有丰富的实践经验,又有广博的理论基础,比如百森商学院的教授常年行走于众多商人之间,对创业的社会需求和要求有着敏锐的洞察力。

二是兼职教师,此类教师来源广泛,可以是创业家、政府官员、风险投资家等,比如英特尔前任首席执行官安德鲁·格罗夫就担任过斯坦福大学的兼职讲师,以亲身经历对学生进行示范教学。

此外,很多课程由专兼职老师一起给学生授课,以期达到更好的效果。斯坦福大学的"技术创业"和"创业机会识别"就由三名有着丰富实践经验的客座教师共同讲授。

(5)丰富而又实用的实践教学。创新创业教育与各种创业实践活动密不可分。在美国,创新创业教育强调"以行动为导向,经验引导的体验",实践多于规则的讲授。创业教育国际协会通过模拟创业活动指导教师进行创业体验活动,使教师能更有效地指导学生。很多商学院通过模拟创业和第二课堂等形式创造课外实践机会让学生更好地体验创新创业。例如麻省理工学院的"五万美金商业计划竞赛"影响力很大,每年都会产生5~6家新型企业,而斯坦福大学校园内的创业氛围很浓,更是催生了如Excte等公司。据统计,美国最具影响力的50家高新技术企业中有23家源于高校的创业计划大赛。美国的一些工科大学开展了"合作教育",给学生安排了不少于九个月的劳动实践,有的高校甚至把学制延长为五年,以增强学生实践能力。各大高校经常组织创业俱乐部和创业咨询会等活动,如加州大学伯克利分校创业与技术中心通过举办"A.理查德·牛顿杰出创新认识系列讲座"与业界著名人士探讨各类挑战问题并研究解决方案以提高学生的实践能力。

4.科学的创新创业教育评价体系

自20世纪90年代初开始,美国的权威创业专业期刊如《商业周刊》《企业周刊》《成功》每年都对大学的创业教育进行评估,涉及课程、师生成就、社会影响、创新创业教育项目、毕业生创业情况等各项内容,这一活动有力地促进了高校创新创业教育的开展。

二、英国高校创新创业教育概况

(一)英国高校创新创业教育发展历程

20世纪70年代以来,石油危机引发的经济危机导致英国的经济一直处于低水平状态,失业率达到顶峰。同时,在70年代中期,英国高等教育的理念逐渐发生变化,从培养研究生的知识能力拓展到激发研究生的潜质上来,尤其是政府和企业对高层次人才的需求量加大,高等教育经费的减少促使学校和企业的联系也日渐紧密,并且有了兴建创业园区的办学形式和模式。这些都为英国创新创业教育的发展奠定了基础,推动了英国创新创业教育的发展。

在英国,创新创业教育开始于1982年的"大学生创业"项目,其目的是为了解决高校毕业生就业难的问题,提高就业率,鼓励大学毕业生在当地就业并尝试自主创业创造新的工作岗位。在苏格兰创业基金的赞助下，大学生创业项目于1982年在英国斯特林大学启动，通过创业教育讲座，选拔学生进行指导，最后通过考查学生促使其进入创业课程培训班。该项目的动机主要是解决就业问题，具有很强的功利性目的，并以企业家速成为目标，所以理念片面，缺乏动力。后来随着失业率降低以及创业教育成本的升高，1990年英国政府停止了该项目。

随着社会的发展，英国逐渐意识到功利性的创新创业教育不能适应时代发展和学生个人的需要。80年代末，创业教育的目标转变为培养创业者的素质和品质，并普及企业成长发展的一般规律。英国政府在1987年发起"高等教育创业"计划，计划宗旨是培养大学生的创业能力，强调一般知识的传授要与工作相关的学习相融合。这算是英国创业教育政策的正式开端。

1998年，英国政府启动大学生创业项目，该项目一方面组织大学生进入创业课堂，与创业者面对面交流，另一方面教学生学习创办公司。获得创建企业全过程的体验，受到广泛欢迎。1999年，英国政府成立英国科学创业中心管理和实施创业教育，90年代活跃的中小企业为创业教育的开展提供了实习的基地。

进入21世纪，英国的创业教育指向创业文化的建设和营造。创业教育在课程、实践、管理机构和资金支持方面都有了长足进步。"创业远见活动"以培养英国的创业文化，培养青年的创业精神为己任。此活动得到了贸工部下属小企业服务部的赞助和一些财政部大臣的个人捐助，并且参与的组织和人数很多，有60万家企业和十几家创业教育组织机构。创业远见活动以创建创业文化为核心，重点发展以下六个方面。

1. 从基础做起，鼓励青年随时创业。

2. 支持创业型企业，展示并学习新的商业战略和公司实践。

3. 促使教育机构和教育系统成为创业经济的驱动力，广泛培养创业技能，教授创业知识。

4. 与家长保持联系，鼓励学生的创业思想，支持他们去创业。

5. 积极挖掘激发妇女、少数民族等弱势群体的创业潜能。

6. 通过创新的方式推动创业活动，先由青年的经验学习带来行为的变化从而逐步引起深层次的文化变革。

2004年，英国成立了全国大学生创业委员会，全面负责全国的创业教育，促进了高校和地区间的联系，为英国的创业教育发展提供决策参考。此外，在英国政府领导资助下还成立了各种基金，比如英国王子基金，新创业奖学金，凤凰基金等等。英国王子基金实施的青年创业计划，通过联合企业界和社会力量为青年创业者提供咨询、技术、资金和网络的支持。该计划平均每年资助5000名英国青年创业，创业成功率超过60%。如此众多的政策和举措的实施，都为英国高校创新创业教育的日趋成熟打下了坚实的基础。

由此可见，英国的创业教育自20世纪80年代以来，在观念和具体实施上发生了很大变化，从初期的功利性教育到非功利性的创新创业意识、品质精神的教育，再到后来的创业文化的起源和建立，英国创新创业教育的发展历史和路径都能对我国的创新创业教育发展提供有益的经验，避免我们走上功利性的弯路。

（二）英国高校创新创业教育的现状

英国高校的创新创业教育历经近20年的发展后，在普及程度、课程设置与活动实践等方面都有了很大提高。创业文化氛围趋向宽容，配套设施更加完善。但总体上与美国相比，英国民众在创业机会的把握和不怕失败、敢于冒险的精神上有所欠缺。而且高校创新创业教育课程设置相对狭窄，多集中于商业课程，社会科学领域欠缺。创新创业教育的地区发展还不均衡，需要进一步改进和完善。

（三）英国高校创新创业教育的特点

1. 良好的政策环境

在英国，主要有教育与技能部、贸工部、财政部和首相办公室四个部门制定与创新创业有关的法律法规和政策。各项政策如科技创新政策、鼓励中小企业发展的政策、鼓励大学改革与创新教育政策互相协调配合，建立了良好的大学生创新创业的政策环境。

英国高等教育创新创业教育的经费主要来源于政府拨款以及被称为"第三条途径"的政府设立的基金会。比如高等教育创新基金，意在加强校企合作（2001—2008年，高等教育创新基金共开展了三轮，第三轮创新基金达2.34亿英镑）；科学创业挑战基金，致力于为创业教育和知识成果转化提供资金；新创业奖学金，致力于帮助弱势群体开创事业，走上独立自强的道路；全国科学技术和艺术捐赠基金，支持拔尖人才，注重创新和创造力。

2. 多样化的组织模式

英国高校创业教育组织模式分为两个大类，分别是商学院主导模式和大学主导模式。商学院主导模式分为少数几个人负责的分离式模式、团队组织型的融合式模式、系统专业化较大范围的嵌入式模式。大学主导模式分为大学嵌入式模式（在已有的组织中加入创业教育功能）、大学主导式模式（独立的团队与组织）、学院主导协作模式（若干学院共同管理）三类。六个模式各有特点，相比之下，大学主导式更具影响力和自主性，但在进行创业教育时需要综合考虑不同学科背景学生的特点。

3. 专门的管理机构

英国政府专款创建了英国科学创业中心与全国大学生创业委员会全面负责国内的创业教育），其科学大臣圣博瑞认为英国科学创业中心是"英国高校改革的催化剂，使得高校与企业更相关，而且提高了高校对社会经济增长、就业率和生产率的贡献"。这些创业中心还与世界各国名校建立了稳固广泛的联系，构建了完整的网络系统。

创业中心兼有教学和孵化器的双重作用，促进智力财产的转化，其任务是将创业融入传统的大学教学之中，实现大学文化的改革与创新。它在四个方面开展活动：第一，实施创业教育，将科学和技术专业学生作为主要对象。第二，加强与企业界的联系，促使企业为大学提供资金和咨询指导。第三，支持企业创办，主要支持师生创办知识衍生型企业。第四，鼓励技术向生产力的转化，为大学众多技术的转化提供种子基金、天使资本、创业孵化和创业科技园区的服务等。

全国大学生创业委员会加强了对大学生企业家素质的培养，尤其是鼓励大学生自主创业。全国大学生创业委员会的主要任务有三项：一是为高校实施创新创业教育进行理论支持，收集和研究各国高校成功的案例，从而找出普遍性的原则；二是开展创业教育师资培训；三是支持大学生创办企业，学生可以接受美国大学和企业的专家指导与培训。

4. 全社会参与的创新创业教育文化体系

英国的创新创业文化虽然不如美国浓厚，甚至有一定的保守思想，创业水平也不如美国高，但是自20世纪80年代以来，在政府主导和社会的支持下整个社会的创新创业氛围已经较为浓厚。

（1）地方政府以及非政府组织对创新创业活动的大力支持。地方发展局是地方政府为了发展当地经济，减少地区间和地区内经济发展不平衡而创建的一个半自治组织。其五个目标为：推动经济发展和重建，促进就业，提高企业效率和竞争力，提高与就业相关的技能的发展和应用，对可持续发展做出贡献。其由公共资金支持，与高校和其他创业支持组织建立合作伙伴关系，提供各种项目（例如威尔士发展局的"青年创业战略"即YES，北爱尔兰发展局开展"Go for it"运动等），同时为学生提供资金、咨询和指导。

与此同时，英国的很多智库和非政府组织也非常关注高校创业教育。工业与高等教育委员会由大学知名学者和著名企业家组成，致力于提升高校和企业界间的交流与合作，帮助大学生增强就业能力和创业能力，培养学生的创新创业精神。另外，英国行业技能委员会与地区发展局也展开了密切合作。

（2）企业等组织对创新创业教育支持力度大。英国的高校自80年代高等教育改革之后与企业的交流日益密切。企业涉足大学的创新创业活动是一个双赢的过程，学校获得了资金、平台支持和成果转化渠道，企业提升了知名度，培训了员工，同时增添了活力。在英国，有两个具有很大影响力的企业支持大学生创业项目。一是壳牌技术创业项目，大学生进入中小企业实习，可以利用暑假八周的集中时间或者一年的零散时间，从事管理项目或者技术项目。此项目已经成为全国性的创业教育项目。另一个是壳牌在线。荷兰皇室和壳牌集团建立的壳牌基金会于2000年6月在三个领域开展了支持工作：可持续性能源项目、青年创业项目以及可持续性发展社团项目。项目由壳牌公司和商业合作者提供资金，它首先为想创业的青年提供免费的咨询服务，包括顾客、市场、成本、竞争和技能等信息。其次，组织商业计划和创意计划研讨会，帮助创业者解决创业难题。同时，还设立了创办企业奖和企业成长挑战奖。

（3）高校自身重视大学生创新创业教育。英国的高校将创业教育明确纳入大学的规划和政策之中，为创新创业教育的开展创造了有益的环境。首先，理念上重视，认同大学生创新创业教育的重要性和担任的责任。其次，高校制定了明晰的奖励制度并通过多种渠道获取创业资金。再次，充分发挥大学科技园的作用并重视校友的作用，为学生搭建良好的教育网络和人际网络。

5.高校师资与课程设置的优势

在英国，创新创业教育课程是一个多元互动的体系，课程开发，教学方法研究，创业研究，师资建设，课外实践活动等形成了一个多元整合体系。

（1）高校的创业课程开发实现网络化，实现优势互补、资源共享和有效评估。

（2）创业课程与课外课程相融合。

（3）创业课程与创业研究相整合。

在英国，两类创业教育课程分别是"为创业"和"关于创业"的课程。"关于创业"的课程中61%的教师有过商业管理经验，36%的教师有过创业经历。"为创业"课程中98%的教师有过实业管理经验，70%的教师曾经创立过自己的企业。

（四）英国高校创新创业教育存在的问题

当然，英国高校的创新创业教育蓬勃发展的同时，也有一些问题。比如，创新创业教育课程质量有待提高，师资存在缺口，研究水平急待提高，课程尚未系统开发，创业援助成效有待加强评估以及后续资金不足等。

三、其他国家和地区高校创新创业教育概况

自从美国发现了"创业教育"和"创业精神"这个"美国经济奇迹的武器"之后,世界范围内的大学生创业热潮呈现燎原之势,创业活动和创新创业教育也受到了各国的高度重视。创新与创业活动逐渐成为经济的推动力。20世纪90年代以来,除美国、英国之外,日本、印度、新加坡、澳大利亚等国也纷纷将创新创业教育作为培养未来富有挑战性人才的战略,积极转变观念,改变部署,大力实施创新创业教育计划。

(一)日本模式

1. 日本高校创新创业教育的发展

20世纪90年代初,日本泡沫经济崩溃后,经济长期萧条迫使日本寻求产业结构调整。日本由此制定了科技立国的政策,鼓励高校创办研究开发型企业,已形成了"官产学联合"模式的国家创新体系。开展创业教育时,政府产业界和社会从不同方面为创业教育的开展创造条件,体现了整个国家对创业教育的重视。1995年,日本制定了《科学技术基本法》,极大地促进了日本创业教育的产生和发展。同时,科技立国的政策导向刺激了高校创业企业的涌现与发展,有的企业1/3教授或学生担任总经理,借助学校的科研力量,企业的科技含量很高,取得经济效益的同时,培养锻炼了人才。日本高校的创新创业教育是从90年代末期发展起来的,其最初的目的是培养学生成为企业家,刺激经济复苏,缓解经济危机带来的就业压力,属于功利性的创业教育。2005年,日本人口首次出现负增长,面临少子、老龄化的人口结构,构建基于青年人能力的教育框架和开展系统的创业教

育成为摆在日本面前的课题，以应对时代发展的要求。同年的《世界竞争力年鉴报告》显示，日本创业精神在60个国家中排名倒数第二，这都促使日本将培养富有挑战精神的创新创业型人才作为国家的重要战略。

大学创业教育在日本呈现出高涨的势头。日本的创业教育大体分为三个层次：针对本科学生的创业教育，与行业协会和当地政府合作的创业培训以及针对高中生的创业教育。

2. 日本高校创新创业教育的特点

（1）官、产、学密切配合的社会性

日本政府将官、产、学合作视为提高国家创新能力的一个关键因素，希望通过促进产学合作来提高经济效益。在开展创业教育时，政府、产业界和社会从不同方面为创业教育的顺利开展创造条件，充分体现了整个社会对创业教育的重视。

在政府方面，经济产业省、文部科学省、厚生劳动省将创业教育作为国家发展的重要课题，共同研究、共同思考、共同行动。从"青年自立挑战计划"的"政策联合部署"到《技术专业促进法》的颁布，从教育科研体制的系统改革到创业教育研究的"国际参与"，日本政府在创业教育系统中扮演了指导者、推动者和协助者的角色。近些年，日本政府又在简化新公司申请程序和广泛的资金援助方面出台政策，为大学创业教育的开展提供良好的服务。

在产业界方面，许多大企业和中介机构为大学创业教育做出了突出贡献，从向学校提供人才需求意见，为学校学生见习提供"实习基地"，为有潜力的创业计划提供"风险资金"，到企业和大学联合开发创业教育教材、课程，设计创业型人才的培养方案和实施方案，企业以更加主动的姿态出现在大学校园之中。许多中介机构在将创新成果转化为产品的商业运作中扮演了桥梁的角色。例如，整合技术与企业需求的产业合作办公室、促进大学研究成果专利化与技术授权的技术转移机构、提供商业层面支持的创业辅导机构、提供作业场地与商业设施的科学园区以及风险投资、人力中介及律师服务等，为创业者提供全方位的保障。

在大学方面，在政府和产业界的密切配合下，高校不断更新创业教育、研究理念，甚至引入了全新的办学思想。各高校在原有设施的基础上，加强创业孵化器、创业辅导机构等创业基础设施的建设，加强与校友的广泛联系。同时，各高校还在原有管理和经营学基础上结合本校特色，开展工科创业计划，开设广泛的创业课程；结合本校特色开设交叉学科。比如高知工业大学的创业工学、立命馆大学的创业管理学；在创业师资方面导入了具有优秀创业家资质和创业经历的"双师"，通过建立与企业的双向交流制度，提升创业教育质量。

（2）致力地方经济发展的地域性

20世纪70年代初期，日本经济从高速增长时期进入到平稳增长时期，经济管理体制从传统中央集权模式向地方分权模式转变，经济发展进入"地域经济时代"。与此相对应，日本中小企业也由高速增长时期进入平稳发展时期。为了活跃地域经济，实现地域经济的平衡发展，政府采取内发式经济发展方式，以促进地域经济的特色发展作为国家的重要战略。地域原有产业和新的发展空间无不给大学创业教育的开展提供了绝好的"练兵场"。

为了充分挖掘利用地域经济资源，日本大学尤其是地方私立大学在开展创业教育时，很注意和地域特色产业的联系，许多大学将结合本地域产业优势，振兴地方经济发展作为大学人才培养的目标。例如，大阪商业大学的发展目标是"为社会做贡献"，成为一所"扎根地方、学习地方、贡献地方"的大学。每一位学生的思想中都有把自己培养成一个对社会有用之人的责任感。又如，濑户内海沿岸地区是钢铁和化学等日本传统产业集中的地区，当地政府借助广岛大学和香川大学的研究技术，为地区的养鸡业和制糖业提供了改进思路，大学的技术也得到了相应的应用。这种合作很好地发挥了地域和高校的资源优势，实现了与地域同步发展。

在创业实践中，大学生还为本地区企业开展市场调查，寻找企业优势，开拓市场空间。他们利用自身知识为中小企业开展咨询，通过处理具体问题达到企业升级、创新管理的目的。这样，大学的创业教育对地方经济起到实际的推动作用，也就容易获得地方政府的支持和地方企业的资助。

此外，各地方工商联合团体、金融机构、非营利机构、经营团体、地方大学还设立了创业推进协议会，共同推进创业计划；开设创业中心，使有关机构人员、打算创业的人士、企业代表在此交流意见，形成促进地域经济发展的共同愿景。创业中心通过"创业塾制度"为女性和高龄者开展短期（30天左右）的创业技能培训，紧密围绕地域经济发展主题，开设企业设立、财务、经营等讲座。现在许多日本新创企业都在挖掘地域产业的成功案例，为地域经济发展做出了重要贡献。

（3）学校体系的相互衔接性

在开展创业教育的过程中，日本政府很重视学生创业教育的衔接问题，对学生开展连贯性的创业教育，在不同的教育阶段对学生开展不同形式的创业教育，从学生一生的创新能力发展出发，为学生规划不同阶段的教育，不断提升学生适应社会的能力。

从小学开始，日本就很注重学生创业意识的培养。文部省和通产省合作在小学开始实施创业教育。如利用早上课前的两三个小时搞勤工俭学，给人送报纸、餐饮等，目的是培养学生的就业、创业心理意识和意志品质。学校可以自行开发能让学生掌握自我负责原则和投资意识、风险意识的课程体系，有的学校通过学生手工制作、理财教育等活动启发学生对创业的认识。在中学阶段，文部科学省通过新的课程改革，在"综合学习时间"内开设"商店街活动""创业发明大王""动手练习"等活动和课程，为学生提供了开展模拟创业的广阔空间。各职业教育机构，尤其是工程方面的高等专科学校、短期大学，开展了丰富多彩的创业教育活动，通过创业技能的培训使同学实现创业梦想。在大学阶段，创业教育的课程设置、开设对象、学习程度更加深入和广泛。与此同时，各大学还非常注重与小学、初中、高中之间的校际合作。

（二）印度模式

1. 印度高校创新创业教育的发展

早在1966年，印度就提出了"自我就业教育"的观念。1986年，政府在《国家教育政策》中就要求大学应当培养学生"自我就业所需的态度、知识和技能"。为了有效地解决经济和政治方面的双重压力，印度的大学与外界建立了广泛深入的联系，开始向"功能性的""以结果为导向的"创业型大学转变。印度的高等教育规模仅小于美国和中国，而且印度人在美国硅谷创办的企业最多，34%的微软雇员是印度人，28%的IBM雇员是印度人，印度培养大量的高校毕业生，一些很容易在大公司找到一份高薪工作，另一些却为找到一份工作而发愁。印度的报告称，大量的劳动力处于自我就业或从事临时性工作状态，这都促使印度大学生产生了创新创业的需求。现在印度高校的学生创业意识渐醒，创业文化初显。比如印度管理学院将"追逐你的梦想，而非一份工作"作为办学理念；印度政府也通过创建科技园、教育园和企业孵化器的方式推动创业型大学的形成。印度的大学基本上都建立了创业中心，能将师生的科研成果及时地与企业对接，并完成转化。

2. 印度高校创新创业教育的特点

印度的创业教育多以岗位职业教育培训为内涵，以企业家的速成为目标。只有少数大学和机构提供创业教育的专业学历。其特点如下。

课程开放，师资外化。印度的创业课程是与其他课程整合的，比如加尔各答管理学院的创业课程设置在管理科目下，一些商学院设置选修课程，并引入到课程大纲之中。印度家族企业为数不少，部分大学的创业课程便迎合了这种特点，为家族企业创新、再创业服务。印度大学的创业类课程由本校教师和访问教授共同负责，分别教授理论和实践部分。师资的外化得益于印度长期以来形成的访问制度。

理工院校的创业教育明显。印度加尔各答管理学院将课程设置体系化，并引入了辅助课程计划，通过创业项目孵化实践活动开展创业教育。其创业中心每年都举办亚洲最大的国际商业计划书大赛，培养学生的创业精神和实战能力。基于此，加尔各答管理学院毕业生30%成了创业者。印度理工学院是亚洲著名理工院校之一。校方设立信息技术学院，密切与工业界互动联系，重视创业教育教学，支持学生创建具潜在价值的企业，激励学生的创业意识、创新精神和创业活动，撒下创业的种子。

创业活动与创新结合不够紧密。印度是创业活跃的国家，据GEM观察报告，其活跃度排在37个国家的第二位，但与西方国家的机会性、技术型创业不同，印度大学生创业更多的是以生存型创业为主，创新很少。

（三）新加坡模式

1. 新加坡高校创新创业教育的发展

新加坡是亚太地区开展创业教育较早的国家，并且走在了亚太地区的前列。作为国家教育体系中的重要内容，创业教育已被纳入其社会和教育研究体系中。在新加坡，创业教育的发展与其经济的发展密不可分。作为一个岛国，新加坡腹地不够广阔，资源少，因此新加坡在1965年独立之初就走上了工业化道路。在20世纪70年代，新加坡经济发展局将年轻人送往美国、法国、德国、日本等国培训，进行学徒式的见习。此举措帮助其经济发展由劳动密集型工业过渡到了高附加值的资本、技术密集型和高科技产业。到了90年代，全球化战略成为其新的目标，新加坡开始不断寻找各方资源，创建工业园区，促进了从外部创造经济空间概念的形成，人们也逐渐开始寻找合适的创业机会。1997年的金融风暴让新加坡意识到经济发展不能单靠跨国企业，于是大力扶持和促进本地企业尤其是中小企业的发展，因而采取了一系列举措鼓励创业活动，教育界也积极开展创业教育的研究，创业教育得到了飞速发展。

2. 新加坡高校创新创业教育的特点

相对于欧美发达国家，新加坡高校创新创业教育起步较晚，但经历了跨越式发展，有自己的鲜明特色。

鲜明的教育理念和政策环境。早在1959年新加坡就确立了"发展实用教育以配合工业化和经济发展的需要"的指导思想，后来又确立了"教育必须配合经济发展"的教育方针，反对脱离国家需要或追求纯学术而盲目发展高等教育。新加坡政府每年拿出至少20亿新币用于创新创业，风险投资和技术转移。新加坡高等教育文献保障系统显示：经济发展局制订了多项优惠扶持计划促进创业活动的实施，以此创造良好的创业环境。扶持计划包括新公司税务减免计划，企业投资优待计划等。

国际化的创业教育体系。首先，其课程设置与国际接轨。新加坡大学为了适应国际化的需要，改革了课程，采取学分制，并不断更新课程设置及内容。例如，新加坡国立大学在国外与印度科学研究院，美国斯坦福大学、宾夕法尼亚大学，中国复旦大学和瑞典皇家技术学院合作创建了五个分院，所举办的学科专业都具有强烈的创新创业特征，这种国际化的跨国办学模式博采众长，融会创新，形成了具有前瞻性和国际水准的课程体系。其次，教师队伍国际化。新加坡每年安排教师到世界一流名校深造，培养教师国际化教学水平。通过严把高校理工学院教师入口关，教师既有企业的锻炼经历，又具有高学历高技术，在一定程度上解决了双师型教师培养的问题。

现代化的教学手段和灵活的教学模式。20世纪80年代教育战略向高等教育转移，经费节节攀升，各种互联网、远程会议、多媒体等高科技的教学手段应用在创业教育之中。同时，教师的教学采取互动的方式，让学生融入创业的环境，并突出个性辅导，师生在交流的过程中互相启迪。另外，新加坡高校重视创业实践教学，采取案例分析、角色模拟、企业考察等多种形式，将学生带入创业的环境。并以创新创业计划大赛为契机形成产、学、研一体化的实践平台，让学生的创业理念在实践中不断深化，并学以致用。例如，南阳理工大学与新加坡经济发展局联合创办的南洋创业中心，提倡教师、学生、校友以及风险投资人的交流与合作，其培养的学生，35%创办了自己的公司。

第二节 国外大学创新创业教育的经验

一、战略性教育理念

美国政府将创新创业教育视为国家经济发展的"直接驱动力",其高校大学生创新创业教育目标并非单纯为获得一份工作的"就业式"教育,而是着眼于设定大学生"创业遗传密码",造就"最具革命性的创业一代"。英国则是为了培养学生的创业精神和技能,仅仅将创业作为未来的一种选择。日本的创新创业教育贯穿于小学到大学全过程。这些就是具有战略性教育的理念。

二、终身教育理念

很多发达国家的创新创业教育都是终身性的,美国、英国、日本的创业教育都涵盖了从初等教育到高等教育的全过程,体现了教育的连贯性和终身性。

三、国际化视角

任何一种教育都在不断借鉴、研究和革新的过程中逐渐成熟,趋于完善的。创新创业教育本身就强调创新性。美国是创业教育最成功的国家之一,他们的校校之间、校企之间以及与国外高校的合作非常密切,碰触产生了很多新的设想,促进了创新创业教育的持续发展。英国的科学创业中心通过网络系统,与世界各国名校建立了密切联系。日本的创新创业教育最初更是直接照搬国外的优秀做法,实现了跨越式发展。

四、经费支撑来源

"巧妇难为无米之炊",创新创业教育的发展必须有稳定的经费支持。在国外,社会整体对创新创业教育都很重视,高校教育经费来源极其广泛,来源渠道主要有三个:

1. 政府用于创新创业教育的支持经费;社会组织和校友的捐赠。
2. 高校自己的专项经费。
3. 企业、民间的资金支持。

广泛的经费来源,保障了创新创业教育的稳步发展。

五、高端师资力量

美国创新创业教育成功的关键之一是具有一流的师资队伍,美国高校创新创业教育师资主要由两部分组成。

专职教师。他们不仅具备广博的理论基础,而且拥有丰富的实践经验,教学内容以鲜活的真实案例为基础,并能为学生争取到企业模拟实践的机会,比如最具特色的百森商学院教师对创业的社会需求和要求有着敏锐的洞察力。

兼职教师。他们可以是银行家、风险投资家、政府在职官员等,作为兼职教师为学生现身说法,引起学生极大的兴趣,甚至因此树立创业目标。

六、切合区域经济发展

美国斯坦福大学与企业发展合作交流,首创了"科技工业园区"模式,一方面为企业提供最新的研究成果及培养高等级的技术型人才,使企业效益最大化;另一方面,企业支持学校更好更快地完成科学研究项目。斯坦福大学和硅谷之间是最典型的合作关系。

七、社会力量的广泛参与

在政府的主导和社会的支持下，英国创新创业氛围已经较为浓厚，参与的社会力量主要有三个方面：

1. 地方政府以及非政府组织。主要的组织有地方发展局、教育委员会、英国行业技能委员会。

2. 企业等组织。如壳牌技术创业项目、壳牌在线等具有较大影响力的企业对大学生的创业给予了高度支持。

3. 高校。英国的高校对创新创业教育非常重视，将创业教育纳入大学的规划和政策中，并且制定了明晰的奖励制度。

第五章　我国对创新创业的支持

当前我国创新创业正处于快速发展时期,在人才、设备、资金和政策投入等方面需要政府、高校和社会各层面的关注与支持。政府进一步加强高校学生创新创业的政策支持力度,设立高校学生创新创业计划,引导高校合理整合社会资源,地方政府可为该区域内高校学生创新创业提供政策支持和配套资金;高校进一步完善学生创新创业的服务与支持,培养创新意识,鼓励学生开展创新创业活动并提供技术、资源支持;社会进一步提高对高校学生创新创业的宽容与支持,理性宣传创业成功与失败案例,营造良好创新创业氛围,做好社会保障和心理辅导与引导基金,完善众创空间等社会辅助设施,提升学生创新创业"全链条"的辅助与服务水平。

第一节　创新创业的条件分析

一、创新创业的体制环境

(一)法律、法规支持体系

在市场经济环境下,法律作为调节社会成员关系最为有效、最为公平的工具,在规范以及保护创新创业方面有着重要的作用。现有案例表明，许多大学生在进行创业活动时往往对法律问题欠考虑，从而导致创业失败。例如，学生在创业时因为法律知识欠缺上当受骗甚至违反法律的事件时有发生，令人心痛。因此，大学生在创业前以及创业活动中应当储备充足的法律知识。然而，现实中的创业宣传教育往往关注的是大学生的专业技能、创新思想、经验知识和资金支持等等，而忽视法律教育，这不得不引起深思，也从侧面反映了法律对创业行为的作用没有得到人们的普遍关注。大学生要想使自己的创业活动长久进行下去并取得效益，必须学习、了解、遵守与之相关的法律、法规。例如《知识产权法》《商标法》《劳动法》《反不正当竞争法》等等，必要时拿起法律的武器来捍卫自己的合法权利和利益。

针对目前我国与创业有关法律、法规不健全、内容较为分散以及实际可操作性较差的情况，政府部门应当结合我国大众创业的实际情况，进行有关调研和理论探讨，从而厘清其中一些较为模糊的关系，对其中一些关键性问题做出明确的规定，从而指导创新实践活动。除此之外，在创业法律的指导下完善与之相匹配的规定以及标准，从而建立起一个有明确定位、政策针对性强、市场监督严格、良性竞争保护的法制环境和创业环境。同时，着手创业活动保障计划，为企业提供财政资金支持。完善自主创业的法律法规，引导相关执法部门做好创业法规宣传工作，倡导有关法律部门为创业者提供免费的法律咨询、案件受理、纠纷调解等相关服务。

《就业促进法》是国家为了促进就业而制定的法律，该法从政策支持、公平就业、就业服务和管理等七个层面规定了政府在就业促进中的法律责任。鼓励自主创业，进一步简政放权，扩展中小企业的资金来源方式，通过各种形式的培训，从而提高这些企业的创业创新能力。虽然宪法和基本法律具有指引作用，但是操作性和实施性不强，实际执行方面还需要地方政府的法律和法规支持。大学生创业也是一种特殊形式的就业，加强立法是政府增强大学生创业法律责任的基础，健全现有的法律、法规优惠政策，为创业大学生提供更多的法律支持和保障。

（二）良好的社会经济环境

随着信息技术和互联网技术的发展，全球经济已经连成一个整体，第三产业的发展已经是大势所趋，诸多国家开始对经济结构进行调整，大力发展以知识密集和人才密集为核心的第三产业。我国面临着严峻的经济形势，经济的深层次矛盾凸显，经济体制改革不断深化，传统的"管理型经济"正在逐渐向"创业型经济"转变。推进创业进程，鼓励和引导大众创业，是适应经济社会发展的必然要求。市场一定要多元化，各种政策一定要覆盖全面，要积极鼓励创新，为各种主题的创新提供更好的政策、市场环境。积极发展创业首先必须创造有利于创业的机制，激发人们创业的热情，让更多的人投身于创业的浪潮中来，从而带动我国新型产业的发展。政府自上而下大力推动创业，在推进"互联网+"的过程中，很多青年都加入到了"大众创业，万众创新"的队伍当中。政府倡导大众创业、万众创新，倡导创业型人才、创业型国家和创业型社会，对于大学生来说，现在是他们创业最好的时代。大学生是高端人才，拥有无穷的创新活力和动力，不仅创业成功率高，而且创新概率也高。然而，完善的创业创新体系需要政府更多的呵护和发力，政府要管住权力乱伸的手，坚定不移地推进改革深化、经济转型，创立大学生创业基金，推广创业实训课，从资金、孵化、教育、服务等方面帮助扶持大学生创业创新，释放大学生创业创新的巨大能量。

（三）合理的政府管理体制

随着我国商事登记制度的改革，政府对于市场的管制逐步宏观化，这种改革，极大地扫除了创业创新过程中的诸多障碍和不利因素。我国对于国民经济的关键领域必须进行牢牢掌控，对于特定的行业进行定向的调控，为经济发展增加持续的动力。同时，国家也不能放松对一些最近创立企业的扶持，这些企业很多是属于第三产业，具有拉动内需，增加国家税收，扩大群众消费面的作用。但是，企业在创立之初，往往面临着更高的风险，这时候，政府就应该努力创造公平、稳定的经济环境，减轻企业发展的外部阻力。政府通过简政放权，取消一些不必要的措施，为企业的发展铺平道路。

二、创新创业的社会环境

（一）合理公平的市场环境

创业初期，大学生缺乏应对市场环境变化的经验，不能正确判断市场行为，所以，创造合理公平的市场环境，保护创业者的合法权益，就显得尤为迫切。创造公平合理的经济环境离不开市场和企业的共同努力，首先，企业在市场环境中应该做到诚实守信，增加企业的行业自律；其次，政府部门也应该严格执法，对那些违法乱纪的企业，应该严厉打击。总而言之，通过各种改革措施以及对自身职能的转变，抓住经济发展的关键因素的同时将市场逐步放开，有利于营造良好的经济环境，为这些新兴企业更好地适应市场提供更加充足的动力。打造法治政府，建设法治社会，营造公开透明的市场环境。

同时，要尊重经济规律，运用好市场无形的手和政府有形的手调节经济活动。简政放权、优化服务和放管结合。政府应该全方位应用好这些手段，努力构建公平合理、制度完善的创新环境。

（二）宽松的企业发展环境

20世纪80年代以来，西方各国政府陆续对市场进行了放松管制。通过这一方式，市场更加灵活，企业可以根据市场环境及时调整。其基本观念是"政府无效率的主要原因是对管理层进行干预控制的内部管制的数量太多……基本假设是，如果公共组织能够清除戒律，它就能更加具有灵活性和效率"。多把心思用在如何降低创业门槛上，创新创业才会水到渠成。多把精力用于为民服务，干事创业上，才是真正对上级负责、对群众负责、造福一方。

过多的行政管制会制约企业的活力，使得管制的成本上升。所以，宽松的企业发展环境需要对企业赋予更大的自主权。

（三）良好的创业文化氛围

创业文化是指与创业有关的意识形态和文化氛围，立足于整个社会，主导人们创业的动力和思想。创业文化是近年来在市场经济条件下兴起的，包含了人们在创业过程中形成的各种思维理念以及价值观，并影响创业者的行为。企业家的诞生离不开良好的社会环境和文化氛围，创业文化内在包含了社会对于创业、对于知识的认可，有利于激发广大学生的创造力，树立自食其力的良好品德，用自己的双手实现人生价值。

政府应注重大学生创业的正确舆论导向，积极营造鼓励创业、赞赏创业、扶持创业、参与创业的文化氛围。通过各种媒介进行宣传，使整个社会拥有良好的创业意识和创业精神，努力培养创业型人才。

三、创新创业的个人因素

(一) 较高的综合素质

创业并非易事,涉及多方面的因素,包括创业者自身的知识、见识、魄力等等。创业的基本素质包括创业者在创业、竞争方面的能力和意识,创业者要想实现创业,必须在专业、方法和社会能力上都有一定的特长,这三种能力是制约大学生创业的最主要因素。创业知识和创业能力可以通过教育培训来弥补,创业精神的培养尤为重要。

阿玛尔·毕海德认为,对于大多数想创业的人来说,最大的挑战不是资金,而是创业的智慧和动力。专业能力是创业者根据自身所具备的专业知识来解决创业过程中遇到的各种问题的能力;方法能力是指解决问题的各种方法,这些方法不仅仅包括专业上的,也包括非专业的;社会能力是在社会上应对各种问题的能力,包括处理各种社会事务和面对各种社会上的人群所具备的能力,这三种能力是创业成功的基本保障。同时,创业意识能够激发创业者的斗志,从而更好地应对创业过程中的各种问题和困难,是人们在经过深思熟虑后所下的决心,是长期思考的结果。良好的创业心理也同样重要,这种心理包括:自信、自强、自主和自立,它带给创业者的是各种积极的能量:不甘落后、顽强拼搏、积极进取等等竞争意识,竞争是市场经济的基本特征,更多企业的出现要求创业者要有竞争意识,努力提高自身的竞争力,为企业在激烈的市场环境竞争中奠定基础。

激烈的竞争条件下,大学生必须提高自身全方面素质,扩大自身知识面,具有良好的专业素质、价值标准、创业精神和创业思维。作为创新型人才的大学生,对国家未来创新经济的发展起着至关重要的作用。

（二）不断追求创新的精神

除了具备较高的综合素质和专业知识之外，大学生创业者还要有创业素质。比如，社会适应能力及把握机会的决策能力，具体操作的实践能力，组织管理的协调能力，敢于冒风险的能力等。

创新意味着破旧立新，这是一个国家一个民族持续发展的动力，也是每一个创业者应该具有的品德。创新精神提倡不拘一格，但是这种不拘一格必须受到一定价值观的限制；它提倡独立思考，但并非不听取别人意见；它提倡勇于突破，不怕犯错，但并非是对犯错的鼓励；它提倡大胆质疑权威和现有的经验以及认识，但并非是完全不吸取前人的精华，我们在质疑的时候需要有依据。

第二节 国家支持大学生创新创业的原因

一、国家支持大学生创业创新的必要性

（一）缓解就业压力

随着我国人口总数的增加，就业岗位数量和人口数量的比例不相协调，导致社会各界的就业压力不断增加。在这种情况下，创业成为很多人新的选择。

创业是创造新的劳动岗位的过程，通过创业能够缓解当前严峻的就业压力，积极鼓励创业有利于推动创新，加快我国建设创新型国家的步伐。

1.营造创业型社会氛围,引导大学生转变就业观念

创业教育和培训对创业技能的提升有着关键性作用。加强创业教育体系建设,以广播、报纸、网络为媒介,让更多的人接受创业知识的教育。各种培训资料的整合,使得参与的主体更加多元化,各种类型的职业和技术学校的加入大大增强了创业教育的师资力量。同时国家应采取各种措施,鼓励各种具备教学条件的培训机构的设立,有条件的还可以整合这些培训力量,形成规模化的创业培训基地,并通过各种反馈和评价机制的建立来提高培训的效果。在普通高校开展创业教育,并开设创业的选修课和必修课,纳入学分管理,积极推广成熟的创业培训模式,鼓励大学生参加创业课程的学习,提高创新能力,培养创业精神。社会舆论上要加强宣传和舆论引导,要充分发挥电视、报刊、广播、互联网等媒体在营造创业文化氛围方面所发挥的作用,根据成功的典型事例,宣传创业文化,鼓励创新、支持创业、褒奖创意、崇尚创造,逐步改变人们的传统观念,提高社会对创业的认同度,强化知识产权保护,努力营造政府鼓励、社会支持、个人勇于实践的创业氛围。

2.拓宽创业就业渠道,提升创业空间

引导和促进中小型企业、"互联网+"企业等新兴行业企业的快速发展。实施大学生返乡创业工程,鼓励广大毕业生顺应沿海企业辐射带动的趋势,发展相应的配套产业,利用充足的劳动力,发展以劳动密集为特征的加工业,通过对产业的内容进行合理的划分,从而使得创业更有目的性和适应性。积极鼓励大学生们发展多元化创业思路,在行业的选择上下足功夫。结合不同地区的优势,发展具有地方特色的农业经济,以绿色化、高效化、生态化为核心,既满足了人们对健康产品的需求,又有利于吸收农村富余劳动力,促进当地经济的发展。

（二）促进经济社会发展

如今的创业浪潮一浪高过一浪，经济的发展重心已经由原来的"传统型"变为了"创新型"，创新型经济融合了知识、管理、技术、资本等关键因素，通过在制度、理论、管理过程等方面对原有的机制进行改进，从而建立以创新为导向的新型经济形态。目前各国都十分重视创新型战略的发展，历史的发展证明，美国、日本等发达国家都是通过创新实现了经济的高速腾飞，因此，我国必须抓住机遇，紧跟潮流，大力实施创新型战略，加快经济的发展。

美国之所以能够在19世纪赶超欧洲，归根结底在于其移民文化持续孕育了创业意识和创新精神，并催生了创业型社会，从而不断增强美国的竞争力。尤其是20世纪60年代以来，千百万中小企业生生不息的创业活动以及弥散于整个社会领域的创业创新精神，刺激了美国经济持续的强劲增长，并使其保持旺盛活力。美国经济之所以能够在近百年的时间里保持较为稳定的发展速度，正是由于这种创业制度下创业意识的不断推动。在这种意识之下，诞生了一大批享誉全球的企业，例如谷歌、苹果等。

早在2002年，创意产业已经超过金融业成为英国的第一大产业。创意产业的注册公司共有12万家，企业人数超过190万人，是英国最大的就业行业，英国创意产业占出口总额的4.2%，出口额超过100亿英镑。

创业经济横空出世。在发展进入新时期、经济进入新常态的今天，创业对经济社会的发展起着决定性作用。创业是打开创新空间的不二法门，一次成功创业，孕育、壮大的不只是一个企业，有可能是一个产业，新型产业发展的同时，传统产业转化升级。以发展的眼光来对待这个问题，一些企业通过创新取得了成功，改变了原有的行业格局，将创新融入了行业的发展之中，在加强了行业竞争格局的同时，也在无形之中普及了一种创新理念，从而鼓励更多的企业进行创新，有利于建设创新型国家，提高经济发展的速度和质量。国家要想在未来发展中成为经济强国，关键就是将创业创新精神融入社会各领域中，从而推动经济社会的全面发展。

（三）加快创新型社会建设

创新是企业的核心竞争力所在。目前我们国家是世界制造大国，还没有从"中国制造"转变为"中国创造"，要想长远发展和提高国家实力，就要在制造大国的基础上向创新型国家转变。创业的过程中，创新的作用不可或缺，创业有利于创新意识的培养。创业带动创新，创新成就大业。当前我国已全面建成小康社会，为了进一步巩固这一成果，必须通过创新带动创业产业，更好地发挥我国创新型人才在经济发展中的动力，将个人梦想和国家梦想联系在一起。创新是引领发展的第一动力，实施创新驱动发展战略是我国发展的迫切要求，必须摆在突出位置。我们要培育创新型的主体，比如创新型人才，通过新的主体来提高生产力，实现经济增长。

二、支持大学生创新创业的依据

（一）政策依据

聚集创新创造之才，首先要营造识才纳才聚才的良好生态。创新要求更具竞争力的人才集聚制度，完善有利于创新创业的人才发展政策体系，进一步优化创新创业的综合环境。各地推出了各种激励政策，整体环境布局，实现人才的培养和体制的革新创新相结合，不断提高人才队伍的素质，加强知识产权的保护，建立知识密集型、创新机制开放灵活、创新活力竞相迸发的国家人才改革试验区。

完善创业政策体系,提高创业成功率和创业存活率。其中,要以财政资金支持、贷款担保、税务减退以及相关硬件设施的保障等帮扶性政策作为政策体系的完善要点。增加财政支持力度,建立创业专项扶助基金或创业发展资金,引导和支持创业人才的初期工作、相关设施的建设以及用于创业者融资的贷款贴息补助等。对那些刚开始起步的创业企业,政府应该给予一定的税务减退优惠措施。同时,适当减免个人创业者、规模较小的创业企业的税金,对那些在提升社会就业率方面有重要作用的企业更应该给予一定的税务优惠和一定的财政补贴,激励创业企业的积极性。

对大学生创业给予特殊优惠政策,特别是资金上的优惠政策。减少登记、管理的收费,降低创业成本。鼓励金融机构创新企业的融资方式,为大学生创业企业提供坚实的资金保障。建立起完善高效的贷款政策体系,精简贷款的业务流程,从而提高创业贷款的积极性和效率。完善科技创业公司的贷款担保等相关工作,鼓励私人资本为这些公司的发展助力。

(二)理论依据

1. 创业型经济。自 20 世纪 60 年代初开始,美国经济的持续快速增长主要依赖于大量创新型企业的成长,尤其是中小型公司的快速发展。美国著名管理学家首先明确了这一经济发展态势,并将依靠创新事业发展带动社会经济繁荣的经济现象命名为创业型经济。创业型经济作为一种全新的经济发展模式,其主要建立在大量新产生的产业、行业的基础上,具体表现在发明专利的数量增加、社会范围内创业行为的增加以及中小型创新公司林立。

2. 达布森和凯伦从保障和改善创业者的生存环境的角度出发,提出了关于保障地区创业活动的六项具体政策：开展创业宣传和教育、设立创业者团队、分析和提出创新优势、提供财政资金支持、完善信息化建设基础硬件设施建设等。伦德斯特伦和史蒂文森将创业政策理论的结构要素归纳为动机、能力和机遇，并以此建立起创业政策体系，这个体系涵盖六大方面：提升创业文化氛围、开展创业宣传和教育、降低进入难度、提供财政支持、完善金融环境以及刺激外部目标。以此为基础，二人于2005年提出了一个关于政府创业政策体系的完整架构。

3. 新公共服务理论。该理论是在传统政府公共行政的批评和新公共管理思想发展的基础上提出来的，其实质是对政府强调公共管理"3E"，即经济、效率、效益，强调社会的民主以及政府行政为公民服务的思想。

新公共服务理论反对政府将新型公共管理视作市场环境下领导社会的另一种手段，它强调政府及其工作人员要以国家和公民的共同利益为导向，从而实现公民的现实需求，这也是与传统行政管理思想的不同之处。同时，该理论也批评了新公共管理理论中将公民视作顾客的思想，政府应该首先关注的社会公众作为公民的权益，其次才是市场经济环境中顾客的权益。

新公共服务理论更加强调政府的服务性质而不是经济性质，这也是政府机构与市场企业的本质不同之处。政府应当关注公民的民主权利以及社会的共同利益，而不仅仅是重视其行政效率。

新公共服务理论提倡政府规划更具有前瞻性和可预见性，同时在具体决策执行时要考虑民主因素。实施的重点在于民众广泛参与以及基层社会管理和建设，通过民主决策，政府能够高效高质量负责任地完成公众需求的社会建设以及管理。同时，新公共服务理论认为以简单的市场效率作为评判公共管理的标准过于简陋，并且忽视了政府的社会责任，政府管理不仅仅要有效率、有效果、更节约，还应当考虑社会文化、社会道德、社会责任以及公民的综合权益。

（三）现实依据

近年来，我国逐步形成了较为完善的政策网络，极大地促进了全面创业的热潮。当前由于经济结构的不断调整，科技创新正在和诸多行业进行融合，创业所激发的经济发展中的活力是史无前例的。在互联网经济时代，信息的传播加快，各种想法和思路相互碰撞，极大地促进了创新的进行。

当下，越来越多的企业尤其是微小型企业开始关注创新发展，例如，第十二届中国博览会小型企业高峰论坛的会议主题之一"创新驱动、智造未来"就吸引了所有与会者的关注，国务院工信部辛国斌副部长就说，2015年以来，我国开始深入执行国家创新驱动发展战略，大力实行"互联网＋"以及"中国制造2025"行动计划，将信息技术与传统产业相结合，以"智能"来推动产业调整，引导行业发展，并在这个过程中培养核心竞争力，为我国公共网络服务平台建设，实现了全国范围内企业信息平台的互联互通、信息资源的发布共享。同时，搭乘云计算的快车，建立起一系列云服务平台和云基础设施，开发了与各个行业相关的云软件，向全国范围内的中小型企业提供云服务。

现在，创业被越来越多的大学生视作一种就业选择。在信息化和传统产业互相融合的背景下，他们运用自身掌握的专业技术和知识结合信息技术，设计出许多令人耳目一新的产品，其中不乏许多有商业前景的产品。对于从事这项活动的大学生，创业创新日益成为其生活中不可或缺的一部分，也是其人生中的宝贵经历，对日后的成长有着非常重要的作用。

在创新创业普遍兴起的背景下,政府机构应该准确把握自己的定位,发挥自身的优势,为方兴未艾的基层创业人员和公司提供助力,使其在市场环境中健康成长,成为经济新常态下支持国家经济发展繁荣的重要推动力。大学生拥有专业知识、饱含工作热情,是实行国家创新驱动发展战略、引领全民创业的主力军,要敢于投身创业活动,锻炼自己的实践能力,从而充分发挥自身的知识价值。

第三节　国家支持大学生创新创业的措施

一、实施全面的创业教育

(一) 在创业教育方面开展多方联动项目

创业教育不仅仅是高校的事情,其他相关部门也按照本身的职责为大学生创业提供了支持。各个有关部门已经从各自的角度,对大学生创业展开了有效的创业教育。

除高校开展的创业教育项目,政府职能部门以及相关社会组织也举办了一些教育创业项目。北京市人力社保局依托全市重大项目,建设了一些创业实训基地,不仅为参与培训的大学生提供了实训的岗位,而且安排一些有管理经验以及技术特长的人员来带领这些实训人员,在实训中切实有效地提高他们创业的综合素质以及创业能力。2014年6月,北京市市科委发布《北京市大学生科技创业实习基地认定办法(试行)》,强有力地扶持了大学生创立的科技型企业。同时,北京市总工会、团市委、妇联等相关的部门也开展了针对大学生职工、创业大学生和女大学生的"创业大讲堂""创业榜样进校园"等多种形式的创业培训项目。一些社会组织建立了孵化器类企业对大学生的创业项目展开孵化帮助，也开展了一些创业培训项目，使得大学生的创业素质以及专业的技能得到了进一步的提升。而且，这些企业与高校开展创业联动，使得学校有了较好的创业氛围。

（二）提供财政支持

大学生创业，有激情，有想法，但往往受制于资金，因为大学生在创业之初很难有足够的资金，这对于初创大学生来说是一个很大的困难。因此，资金是他们最希望得到解决的问题。创业发展公益基金邀请行业专家及金融机构，制定相关项目筛选机制，对具有可行性及发展潜力的优质项目给予资助。基金将联合金融机构开展项目路演、对接活动，目的是为了支持大学生创业，鼓励民间金融资本投资，提高对大学生创业金融服务的实力。为大学生提供各种金融和财政服务，加大扶持大学生创业企业。同时，金融机构在注重经济效益的同时兼顾社会效益，通过对这些新兴企业进行审查，对那些具有发展潜力的企业给予更多的关注，通过对各种审批制度流程的简化，来加大支持力度。利用纯信用、无抵押的贷款方式为创业大学生提供资金支持，通过资金支持，解决大学生创业问题的"最后一公里"。

整合各种社会资金，吸收更多的社会资金进入创业领域，尤其需要发挥民间团体、社会组织的作用。这些私人组织可以通过设立专项资金的方式给予创业企业资金支持，让这些资金在创业的过程中创造更多的价值。

二、建立促进创业的服务体系

（一）高新产业园区

通过不断优化众创环境，激发全民创业创新热情，全力打造"众创之区"。优化大众创业环境，培育创新创业沃土，打造示范创业园，建设创业孵化网点，为创业大学生免费提供办公场所，并提供和创业有关的服务。

包头稀土高新区科技创业服务中心自2013年4月中旬开始为64户中小企业发放下半年扶持资金，共计252.91万元。在"十二五"期间，创业中心共为322户中小企业发放扶持资金累计2456余万元，极大地促进企业初创期科技成果的快速转化及发展壮大，提升相关专利科研项目产业升级。创业中心已有大学产业园区多家生产企业，年产值均在千万元以上，进一步推进了稀土高新区科学发展、产业审计和经济腾飞。

包头稀土高新区出台了关于推进大众创业万众创新的实施意见，明确了高新区推动大众创业万众创新工作的指导思想、主要目标、主要任务、保障措施。包头稀土高新区充分整合创业园，集创业、创新以及高新技术为一体，通过互联网和创新的结合，建立了一个面积超过4万平方米的大型创业园，从而形成了聚集效应，诞生了一大批新型的创业企业。

（二）企业孵化器

20世纪50年代，美国开始尝试企业孵化器模式，目的是解决大量失业人员的就业问题。用一家倒闭公司的旧厂房作为中小企业的办公场所，帮助中小企业成长，以解决再就业问题，并取得了比较好的效果。从此，各种各样的企业孵化器应运而生。

企业孵化器能够带动高新技术产业发展、培育中小科技型企业，振兴区域经济，培养新的经济增长点。对于大学生来说，进驻最为方便、条件最为优惠的企业孵化器，应该是大学企业孵化器。大学企业孵化器与普通企业孵化器相比，因服务的对象不同、兴建的主体不同与所处的环境不同而具有其自身的优势及其他孵化器不具备的优势。

包头市于2015年7月举办了"包头市众创空间科技发展论坛"，邀请国家科技部火炬中心、中关村管委会有关领导，清华启迪孵化器、北大科技园有关负责人解读众创空间发展政策，介绍建设、运营、管理的先进经验。2016年初，"全区科技工作会议暨推进众创空间发展现场会"在包头市召开之后，包头市进一步加强了与鄂尔多斯市、阿拉善盟等科技部门的交流联系，通过多种途径宣传营造良好氛围。

创业教育学院组建"校友创业导师"队伍，为创业大学生提供"一条龙"创业服务。众创空间多名指导教师为所有入驻企业提供创业指导。随着入驻企业的规模凸显，创业项目带动就业人员的成效也日益显著，并且形成了大学生创业的自主品牌。构建"创业培训、创业实训、创业孵化、创业服务、创业研究"五位一体的大学生创业教育模式，迅速推进了创业教育工作的开展。

包头轻工职业技术学院众创空间基地占地面积11000平方米，是集创新创业教育、创客实践和创业孵化为一体的全新众创服务平台，通过提供优质的软硬件平台建设、完整的创新创业孵化链条建设、一站式公共服务和配套服务建设，为在校学生及社会待创新创业人群提供了由创新创业培训指导到培育孵化创业企业的绿色通道。包头市的电子商务创业园建设已基本建成，引进多个大学生创业项目。

众创空间基地提供高质量的创新创业课程体系及专业导师进行创

新创业培训指导，激发大学生及普通民众的创新意识、创业热情；机器人创客空间（实验室）、乳制品创客空间和无人机应用创客空间，为学生及待创业者提供了提升创新创业能力的场所；孵化园由"创业苗圃、创业孵化器、创业加速器"三级创业孵化服务体系构成，通过完整的创业孵化链努力降低创业项目的运营成本和风险系数，提高创业项目的成功率。通过创客咖啡屋的建设，为创新创业者提供交流、洽谈及项目路演的平台。

三、为创业者提供资金支持

（一）创业创新基金

为了鼓励人们追求自己的事业，国家出台了许多鼓励支持创业的政策，这是风险投资基金的来源。随着经济社会的发展，政府对创业的支持，支持产业的覆盖率有了很大提高，政府支持的基金产品也逐渐增多。例如科技型中小企业技术创新基金，中小企业国际市场开拓资金，风险投资基金等，为更多的中小企业提供资金和支持。

为了解决初创企业的资金困难的问题，创业创新基金最大限度地发挥它的作用，加大创业创新基金在企业的投入。

鼓励众创空间、企业孵化器等与创业基金、风险投资的合作，支持金融机构改革创新，引导金融机构对企业在各个成长时期的扶持，加大投融资力度，增强企业信用，使金融机构和创业企业能接收到一致的相关市场信息，提供金融服务的完整生命周期。

（二）落实金融支持政策

为了满足大学生创业，国家积极制定有关政策，对初创企业提供资金支持，例如简化贷款担保审批，降低企业贷款利率。

包头市在落实创业企业金融支持政策方面做出了许多努力，积极落实《关于进一步加强和改进小额担保贷款工作的通知》，通过增加贷款额度来增加企业的创业资金，减轻了企业发展的经济负担，通知规定贷款额度最高能达到 10 万元，而对于创业的大学生，贷款额度更大，最高能达到 50 万元。

第四节　国家支持创新创业的不足及对策

一、国家支持创新创业的不足

（一）政府创业政策不够完善

1. 创业创新平台建设不足

一些地产商为了消化库存，将所谓的众创空间作为商业地产，成为盘活存量、租售地产的噱头。这些所谓的众创空间，除了能办公之外，没有多大作用，没有提供实质性的服务，已沦为房产型众创空间。还有一些众创空间，因为缺少专业性服务，已经成为单纯的"物业公司"，没有金融运作，商业模式的专业辅导服务，只能提供一般性服务，如注册、优惠办公费用、法务财务咨询等，久而久之成为物业公司。众创空间是一种新型孵化器，应该提供研发、成果转化、娱乐设施、公寓，形成工作、生活、创新创业一体的生态圈。

2. 创业资金来源单一

在创业的过程中，创业者最先考虑的就是资金问题。目前，解决资金问题可以采取以下几个办法：首先，是通过将自己的资产直接拿来创业；其次，可以通过向亲朋好友进行资金的筹措；再次，通过向银行申请信用卡的方式来进行信用抵押；最后，可以通过将自己的固定资产向银行进行抵押，从而获得银行贷款，所获得的钱作为创业的启动资金。但是，前两种方式所筹集到的资金往往有限，后两种方式难度较大，很多创业者难以筹集到足够的资金，很多创业想法被扼杀在摇篮里面。调查显示，中小型创业企业的资金来源几乎全部来自于自筹资金，55%的资金来自个人的储蓄，13%资金来自亲朋好友的帮助，银行等其他金融机构贷款所占比例不到10%，极少得到政府和金融机构的投资。因此，大学生创业的资金来源单一，资金问题还没有得到真正解决。

政府要优化资金配置，解决大学生创业企业的融资难题。在加大高新产业研究投入力度的基础上，集中力量解决大学生创新的融资难题。引导民间资本参与技术创新，进一步发挥政府资金在创业创新投入中的引导作用，加大财政支持和税收优惠力度，加强地方政府对创新基金的投入，扩大资助范围，构建支持创新的多层次资本市场。通过财政税收优惠、组织制度创新，壮大风险投资事业，构建天使投资与创业企业的网络交流平台，鼓励民营企业通过天使投资参与技术创新。

（二）创业教育不足

1. 创业教育受益面较窄

目前，高校毕业生逐年增加，就业形势也不容乐观。在这种大环境下，更多的学生开始探寻新的就业方式——创业，而对于如何具体创业、创业中可能遇到哪些问题，则很难有明确的解决方法，创业很难得到真正的实施。北京市社保局的相关调查显示，仅仅有10%的学生愿意在毕业后从事自主创业，但是真正将创业想法实施的仅有1%。在世界范围内进行对比我们可以发现，美国对大学生的创业培训教育实施的效果最好，20%左右的学生创业项目能够得到成功。而在我国，这一比例仅为3%。

2.创业教育体系不够完善

与发达国家相比，我国目前创业教育存在着不小的差距，最明显的差距在于创业的研究和课程设置还不合理，尤其在创业培训中过多注重经济、市场营销、金融、财政等专业知识、创业精神的培训，没有涉及法律知识培训。法律知识在创业过程中具有重要作用，法律意识的淡泊很有可能导致创业者在创业过程中缺乏对相关政策和流程的了解，在自身利益受到侵犯的情况下，无法采取有效的措施维护自身的权益，更有甚者在自身利益受到侵犯的情况下不能察觉。因此，对于创业者的培训，除了创业流程、要素等经济领域的培训外，还应该加强对创业者法律方面的培训，这对减少创业过程中的风险具有重要作用。

二、推动大学生创新创业的对策

由于多方面原因，大学生在创业过程中会面临很多难题，这就需要政府、社会、学校的多方面扶持和帮助，提供政策支持和保障，更好地为大学生创业提供服务。

（一）加大政府的扶持力度

1.创造大学生创业平台

发展众创空间是为了培育具有创新能力的企业，具体来说，是为了"互联网+"等高新技术产业的技术创新服务，为了推进科技创新，包括高新技术、核心技术、基础研究领域的技术创新、技术成果转化，为创业者提供服务的创新型服务平台，帮助创业者实现自己创业梦想。

众创空间通过多种服务模式，推动创新创业项目的发展，能够广泛提供满足创业企业需求的资源共享空间，以科技为动力，促进新业务、新技术，新模式的发展，形成新的创业主体重要孵化服务体系。

众创空间主要功能之一就是提供办公场地，它将场地以低于一般市场价的价格租给入驻企业，在租金方面大大降低了创业企业的成本。众创空间还全方位地为大学生创新创业服务提供专业化的服务，促进资本市场的运作，使创业企业在市场机制下拥有独特的商业运作模式，形成独特的优势和品牌。同时，利用现有的资源和条件使创业平台社交化。企业注册登记手续简便，拥有广泛的创新创业资源，交通便利的办公场所、及时的市场信息，这些资源都要实时进行交流和共享。

众创空间的一个重要作用虽然说是提供办公场地，但它的本质不仅仅如此，还向企业提供公用的、集中化的服务，比如提供高速的通信网络、计算机、电话、传真等基本服务设施，必要的注册登记、借贷款及融资、项目评审等商业服务，利用各种手段提供相关行业的市场信息、国家法律法规和政策变动等，汇集了大量的共享资源。国外对众创空间的软件服务特别重视，聘请专业人士提供技术指导，商业运作，创造快速的对接资源。众创空间根据企业在不同发展阶段的资金需求特点，探索合适的融资渠道，建立一套完备的专业服务体系，为促进科技成果的转化起到积极作用。

2015年，国务院办公厅印发了《关于发展众创空间推进大众创新创业的指导意见》，确定了众创空间的发展目标，在2020年之前，建立一批低成本、具有专业服务的新型创业平台，满足大学生创业创新需求。虽然如此，但建立创业平台并不是建设房屋地产，而是在软服务上下功夫，真正解决大学生在创业过程中面临的各种问题，为大学生提供实现创业梦的机遇和良好的创业创新氛围。

2.拓展现有的大学生创业创新支持政策

互联网金融的重要组成部分是众筹金融。目前，众筹金融已经成为创业者筹集资金的一个重要方式。2015年6月，国务院提出：建设众筹金融生态体系，以金融创新助推大学生创业。众筹金融就是要支持实体经济，为大众创业、万众创新奠定良好的融资机制，使得一些中小微企业更容易进入资本市场。

西方学者认为必须要通过减轻企业的税负和各种负担来激发企业的活力，增加有效供给，促进经济发展。随着政府支持大学生创业的力度加大，国家还将进一步完善创业企业税收优惠政策，对创业企业投资高新技术的界限予以放宽。降低科技企业孵化器、大学科技园和众创空间的税负水平，真正减轻创业企业的创业负担。

3.健全大学生创业创新服务体系

我国大学生创业服务体系并不完善，政府有必要加强相关政策和法律、法规的制定，解决大学生创业过程中的实际困难，为大学生创业提供有效的支持。

我国政府没有发达国家比较完善的、系统的创业服务体系，与它们相比，我们还有些差距，政府应该把重点放在基础工作上，建立健全大学生创业创新服务体系。整合众创空间、高新区、企业孵化器、科技园、大学创业园和高校的有利资源，充分发挥它们的优势，提供场地、优惠政策，及时了解市场动向。成立法律服务中心，提供法律信息咨询服务，为他们解决资金、经验和市场的发展阻碍。与此同时，创投机构、民间社会组织和其他社会力量也对大学生创业起着主导作用，它们积极实现社会资源的充分共享，为大学生创业服务调动一切积极因素。有效整合创新工场、众创空间和创客空间等新的创业孵化模式，创新、提高和推广服务模式，总结推广好的经验和做法，给大学生创造更多的创业机会和更宽松的资源环境。

同时，合理配置市场资源，对于"互联网+"、电子商务等高新技术产业，在不泄露商业秘密的前提下提供开放式的资源共享和信息技术服务，有效地降低大学生创业成本。

政府应该是创业者坚实的后盾，通过各种措施为创业提供良好的社会环境和经济环境，加强对公共产品和服务的支持，激发创业者创业的决心，最大限度地免除创业者的后顾之忧，让他们能够把更多的精力投入到产品的研发中。同时推动"双创"要注重实效，提高政策的协调性和针对性，把创业创新与简政放权、放管结合、优化服务有机结合，防止走过场，尊重市场规律，注意保护知识产权，保护消费者权益，维护公平竞争，使产品和服务质量有保证、可提升，把创业创新扎扎实实向前推进。

转变政府职能，建设"服务型政府"。树立正确的执政理念。政府要解决好大学生创业中的难点问题，其中，必须进一步认识政府职能，在服务中实施管理，让管理与服务相辅相成，发现问题解决问题，健全地方政府公共服务体系，弱化相关机构责任，整合和协调各相关职能部门。

（二）营造良好的创业环境

1. 优化创业创新环境

创新是一个国家和民族生存发展的持续动力。因此，在各种挑战更加突出的当前，我们应该注重创新在国家战略层面的作用。创新对于提高国家发展的速度和质量都具有重要的推动作用。

近年来我国在各个领域中都积极贯彻"创新"为核心的精神，从司法到教育，从行政到科技，随着一系列鼓励创新措施的出台，我国在创新上提出了一些符合我国国情的理念，例如"互联网+""中国制造"等等，为我国的创新之路指明了方向。

展望未来，发展之路依然不容乐观，随着新一轮经济竞争的来临，我国面临着更加严峻的国外形势，因此，我们必须转变发展方式，大力提倡以"创新"为核心的经济发展之路。

创新发展，必须以创新为核心，在制度、体系的构建上形成有利于创新的局面，变传统的资源因素为创新因素，为我国经济的发展提供新的助力。

创新不是空谈，必须付诸实践。创新应该贯彻在党和国家工作的各个方面，应该在全社会形成不断追求创新的风气，从农业领域到工业领域，再到科技领域，创新应该在各个领域都得到体现。在社会经济政治领域，创新同样重要，对原有的政府管理方式进行改进，加强高效政府的建设，也是一种创新；改进政府的服务方式，也是一种创新。总而言之，创新应该体现在社会的各个方面。

2. 营造创业型社会氛围

创业是一项合作性极强的社会行为，创业文化氛围需要各级政府、企业和高校之间的相互合作。美国拜杜法案是这样表述创业文化的：社会建构一个适于潜在创业者成长的文化环境比创办一两个企业本身对大学生来讲更为重要，因为文化内涵会直接影响学生识别以及利用机会的能力。

创新对经济和社会的发展起着重要的作用，是每一个国家都应该高度重视的重要因素。创新的领域很多，涵盖经济、政治、文化、社会中的各个方面，只要对原有某一方面进行改进，并产生了实际的作用，都可以称为创新。推进创新发展战略，必须让全体社会成员参与进来，激发社会创新活力。

在中国经济发展创新驱动的新常态背景下，政府、高校和社会要明确各自的职责，分工合作，形成合力，发挥最大作用，共同扶持大学生创业，宣传创业成功典型，树立榜样，传授创业之道，营造鼓励创业创新、尊重创业创新、积极向上的社会氛围，让大学生在这样的社会氛围中慢慢改变自己的创业观念，使他们的创业热情高涨，创业蓬勃兴起。

3.推进创新型文化发展

创新是文化的生命。要深入发展创新，就必须培育、发扬创新文化，而创新文化的形成离不开文化创新的推动，二者缺一不可。创新发展是全民参与、全民促进的一项事业。万众创新的热忱与活力，是弘扬创新文化的基础和保证，努力构建以社会主义核心价值观为引领的城市精神体系，营造人人崇尚创新、人人希望创新、人人皆可创新的社会文化氛围。

在全体学生中普及创业教育，激发他们的创新活力，形成真正的创新文化。加强创新创业文化建设，宣传创新创业理念，加强引导力度，形成尊重、支持创新创业的氛围。

创业的本质就是创新，我们要加强对涉及我国未来发展的重大项目的创新，深化体制改革，加快传统产业转型升级，推动社会的技术进步和生产方式及手段的变革，加强以创新为核心的高新技术产业的发展，多方面调动各种有益因素，从而激发社会主体的创造力。

（三）加强学校的创业教育

1.大力弘扬创业精神

创新最重要的是加强对人的培养，改变传统的思维，激发人的创造力，在实施创新发展战略中，重视创新教育的培训，坚持以人为本的原则，在培训的形式和内容上不断更新，提高培训的质量，使创新教育能够真正在学生中得到推广。创业教育是我国人才培养的一项很重要的内容，相关高校应该密切结合当下我国经济社会发展的实际情况，在教学内容和方法、形式上不断创新，提高培训的实践性和操作性。另外，加强同国外相关高校、科研机关的合作，学习国外先进的经验，提高教师的业务能力。

目前很多高校不重视创业教育，仅仅只是在毕业前将创业教育作为毕业的附加课程，更多的是流于形式。这些高校往往还没有意识到创新和创业之间的密切关系，仅仅把创业当成缓解就业压力的另一种道路，并没有上升到创新的高度，更没有认识到创新创业对于国家经济转型、推动经济可持续发展的重要作用。另外，一些学校在开展创业教育的时候，并没有对这一门课程做强制性要求，而只把它当成对有意愿创业学生的一种教育，这说明高校对创业教育的认识程度还不够。

根据国务院印发的《关于推进高校创业教育的实施意见》，我国对建立创业教育新格局已经做出了较为深入的思考，形成了较为成熟的意见，对于未来的战略步骤，也有了清晰的时间安排。我国在2015年已经启动了创业教育的改革，2017年，理论研究方面取得了进展，培育出了思想先进、符合国情的教育理念。将在2020年全面建成新型的教育体系。在这一体系之下，实践和理论将得到融合，大学生的综合素质将得到明显提升，在创业理念和创业技能以及实际的动手能力上将得到质的飞跃。

2.改进并完善创业课程教育

首先，要将创业创新型的教学模式在全国推广，将相关的课程逐渐纳入到国民教育序列当中。符合条件的高校要专门建立创业学院。暂不具备条件的高校也要逐渐地添加创新创业类的课程，并将其设立为必修的课程。在企业管理、人力资源等与创业相关的专业中，切实地将创业教育的理念融入其中,专门设一定课时的大学生创新创业的知识。在高校整体水平评估时,将创业教育的质量纳入考核体系中,作为评估的一条重要标准。

借鉴山东省的经验,创办一批专门性的创业大学,培养已经毕业的大学生的创业综合素质和创业技能。在创业教育中引入社会资本的投入,逐渐拓宽创业教育的路径,使创业教育的影响力及覆盖面得到较大提升,进而在全社会形成重视创业教育的良好氛围。

其次,要加大创业教育的科研资金投入力度,构建中国特色创业理论体系。对国外的创业理论进行总结与分析,进而建立适合我国国情的创业理论体系,并且用这种新型的理论体系来指导创业实践。发挥高校与企业在创业的"双螺旋"作用,促进彼此间的交流合作,不断地归纳和总结创业实践中的经验,进一步完善创业理论。更重要的是开展实证性研究,进一步加强创业理论与创业实践结合的力度。对待创业理论研究和专项的科研创新项目要一视同仁,在评定高校教师的职称时要将创业理论方面的研究成果作为一条重要的考核标准。建立创业理论的激励机制,表彰那些具有创新性的理论成果。

最后,通过培养、整合、带动的方式,建设一支具有深厚创业理论与实践的创业教育教师队伍。培养,即培养一批对创业感兴趣、热爱创业教育的教师队伍。整合,即鼓励其他相关学科的教师开设与创业相关的课程。带动,即政府要出台一些创业相关的优惠政策,提高教师对创业项目的兴趣度和参与度;也要使那些负责创业教育的教师走出校门,积极地深入创业企业中获取实践经验,结合市场经济的特点,进一步提高创业教育教师的教学水平。邀请一些创业精英走入校园,让创业精英们在校园里为大学生们开展创业宣讲。精英宣讲不仅能和大学生分享成功的创业经验,还能作为创业的榜样来激励大学生,形成实践上的理论,与高校教师讲授的内容形成对比。

3. 建立创业学生社团

高校要积极引导学生建立各种形式的创业社团。大学生创业社团不仅可以鼓励学生创业,还可以激发学生创新创业的主观能动性。大学生创业社团类型可以多样,既可以是创业交流性质的,也可以是创业实践类的;还可以将"创业咖啡"类的企业引入高校,使学生获得更多的有关创业的社会信息和创业资源;进一步开拓学生创业社团的视野,使大学生社团与社会接轨,进而拥有更多的实践平台。

第六章 高校创新创业教育的有效性研究

高校创新创业教育有效性研究包括很多方面，本章仅从课程设置及内容的有效性、组织形式及方式方法有效性入手，有的放矢地对每个部分进行具体的探讨，通过层层推进、环环相扣的论述，确保每一部分都行之有效，从而使整个构架切实可行，力求构建一个完整、合理、有效的体系，最终印证研究方向的正确性、理论提出的合理性、现实应用的价值性，以求能为创新创业教育理论体系和实践操作提供参考价值。

第一节 课程设置及内容的有效性

一、创新创业教育课程构建的原则

创新创业教育课程是高校实施创新创业教育的有效载体，是提高大学生创新创业意识与能力的重要途径。《教育部关于全面提高高等教育质量的若干意见》要求："制定高等学校创新创业教育教学基本要求，开发创新创业类课程，纳入学分管理。"准确理解和把握高校创新创业课程特点，是科学建设创新创业教育课程体系的前提。从普遍意义上讲，教育是培养人的活动，创新创业教育是培养全面发展的人的活动。这就要求创新创业教育课程在知识传递上要体现最新前沿，在能力培养上要符合社会需要，在素质提升上要关注全面发展。

（一）教育目标与课程内容相结合

目标是先导，创新创业教育目标是构建其课程体系的重要依据。目前，大学生创新创业教育在我国高校中处于发展阶段，根据大学生的自身特征和发展需求，创新创业教育目标可分为三个层次：

第一层次的教育目标是覆盖所有大学生的创新创业普适性教育，主要是培养学生的创新思维，树立创新精神，激发创业意识。

第二层次的教育目标是有一定创业意向的部分大学生，通过创新创业教育培养，掌握初步的创业知识，成为具有一定创新创业品格和创业素养及创业能力的大学生。

第三层次的教育目标是具有强烈创业愿景和创业行动的少数大学生，通过系统的完整的创新创业教育，全面掌握专业化的、扎实的创业知识，形成良好的创业素养和创业实践技能，为开展创业活动奠定良好的基石。因此，依据创新创业教育的三个目标层次，科学构建分层次、模块化的课程体系。

（二）理论课程与实践课程相结合

创新创业教育要着力培养学生的创新思维，树立创新精神，激发创业意识，掌握创业知识。因此，要注重创新创业教育的学理性、学科性，构建必要的学科课程、理论课程，通过一定的理论讲授实现对学生创新创业知识和能力的培养。同时，创新创业教育更是一项实践性非常强的活动，还应丰富和拓展创新创业教育课程的内涵，更加注重培养学生的创业能力和创业本领，要通过构建内容丰富、形式多样的活动课程、实践课程，形成理论与实践有机结合的课程体系，这样才能切实增强学生的创业素养和创业技能。

（三）独立课程与融入课程相结合

创新创业教育具有自身的逻辑性、学理性和相对的独立性，适合创新创业教育自身的发展规律和内部的逻辑关系，适合形成和构建较为完善的独立的学科课程体系。同时，培养创新创业型人才是一项复杂的系统工程，创新创业教育不仅仅是其本身课程所能全部承载的，还应融于通识课程、专业课程以及整个教育教学的各个环节，注重创新创业教育课程同专业课程等其他课程之间的逻辑性、关联性和互补性，构建协同联动的创新创业教育课程体系。

（四）线上课程与线下课程相结合

鉴于当前高校人才培养方案和教学计划中的课程数量较多、学时较多的状况，在现有的人才培养方案和教学计划中增加一定数量的创新创业教育课程和学时难度很大。为此，应充分发挥在线教育的优势，分别开发和设计线上课程和线下课程，将创新创业教育中涉及的基础知识、基本理论等内容的课程开发、设计为线上课程，让学生通过在线学习和翻转课堂的模式，突破学时瓶颈和时空局限。将创新创业教育中涉及培养学生创新思维、创新精神、创业品质和增强学生创新创业素养、创业能力等内容的课程开发、设计为线下课程，通过师生互动交流及实践活动等方式开展。线上课程与线下课程有机结合的课程体系，既突破了人才培养方案和教学计划对课程数量和学时数量的限制，又突破了传统教育教学中的时空局限，有利于多渠道、全方位、个性化地加强大学生创新创业教育。

二、创新创业教育课程构建的依据

创新教育是高校素质教育的重要目标，是高等教育与专业教育和通识教育深度融合发展的新方向。课程教学是创新人才培养的主渠道，是提高人才培养质量的重要阵地。

（一）深化高教改革的内在要求

社会经济的发展对高等教育提出了更高要求。国家正在实施加快转变经济增长方式、建设创新型国家和人力资源强国的重大战略举措，培养国家建设所需要的创新创业人才，高校责无旁贷。在高等教育倡导深化教学改革、提高人才创新质量的今天，其模式需要不断创新，创新创业教育课程注重创新创业知识和理论传播，注重课程教学内容与方式方法的改革，是高校增强大学生创新创业意识、创新创业精神与提高创新创业能力的需要，是高等教育深化教育改革、响应时代呼声、满足社会需求的必然，是高等教育发展到一定阶段的必然结果。

（二）培养创新人才的重要举措

国家创新型发展建设需要高校培养更多高水平创新创业者。创新创业教育的提出与探讨是应对全球化和信息化时代建立在高等教育教育教学改革基础之上的，培养人才的基本工程，。加强创新创业教育课程的建设，是高校强化学生研究性学习与创新性实践，增强大学生创新创业意识、创新创业思维与创新创业素质，促进创新创业教育与素质教育发展，培养国家需要的高素质创新人才的重要举措。

（三）实现个性化人才培养的客观需要

我国高校正处于从粗放式发展向集约型发展转变的关键时期。面对学习能力与学习需求存在差异的学生,如何更好地提升教育教学水平,满足个性化人才培养需求,成为高校需要探究的重要问题。大众化高等教育多元质量观的核心是个性化原则,人才的个性化是创新的基础和源泉,是发展的动力和前提。创新创业课程的建设,要本着"以人为本""因材施教"的原则,在课程目标设置、课程内容组织、教学计划实施等方面分层次、分重点地进行,是高校保证个性化人才培养、保护学生创新源泉的客观需要。

(四)提升学生综合素质的现实选择

学科交叉、知识融合、技能扎实是当今经济社会人才需求的重要特征,而创新创业教育的产生与发展,能够更好地满足经济社会对人才的需求。创新创业教育是素质教育的深化和具体化,是以学生的创新能力、综合素质培养为核心的广义创新创业教育,和以学生的具体操作技能培养为主要目标的狭义创新创业教育的有机统一。长期以来,在素质教育中提倡的培养学生的创造力和创新精神,提高学生的思想政治素质、道德素质、科学文化素质和身心素质等,正是创新创业教育课程在综合性上的体现和要实现的育人目标。因此,创新创业课程着眼于学生知识拓展与能力提升,着眼于学生社会责任感树立,是提升学生综合素质的现实选择。

三、创新创业教育内容有效性的含义

创新创业教育内容主要是创新创业意识、创新创业知识、创新创业能力、创新创业心理品质这几个方面,其有效性也主要从以下几个方面来展现。

（一）培养创新创业意识

创新创业意识的培养主要应重视创新创业需求、创新创业动机、创新创业兴趣、创新创业理想、创新创业信念和创新创业世界观的培养。创新创业需求和动机是创新创业意识的基本层面；创新创业兴趣是从事创新创业活动的积极情绪和态度定向；创新创业理想是对创新创业活动未来奋斗目标的持久向往和追求；创新创业信念是对创新创业活动和实践所形成的认识、看法和见解，并坚信其真实性和有效性的心理倾向；创新创业世界观则是由一系列创新创业信念所组成的逻辑系统。创新创业意识的培养在一定程度上奠定了创新创业开展的基础，显得尤为重要。

（二）丰富创新创业知识

创新创业知识包括专业知识、经营管理知识和综合性知识。专业知识是从事某一专业或职业所必须具备的知识，一般是与专业、职业能力结合在一起发挥作用的。经营管理知识是从事经营管理工作必须具备的知识。综合性知识是发挥社会关系运筹作用的多种专门知识，其中包括政策、法规、工商、税务、金融、保险、人际交往、公共关系等。在创新创业知识的构成中，经营管理知识、综合性知识与经营管理能力和综合性能力一样，具有内部资源配置和社会关系运筹的特征，并与经营管理能力和综合性能力结合在一起，共同发挥作用。知识结构的有效构建对学生来说是进行创新创业的必要条件，需要在创新创业教育课程体系的构成中合理安排，使学生能充分掌握。

（三）提升创新创业能力

创新创业能力包括专业能力、经营管理能力和综合性能力。专业能力是人们从事某一特定社会职业所必须具备的本领，是维持生存、谋求发展的基本生活手段。经营管理能力既是现代社会的一种十分重要的社会职业要求，又是一种谋求理想社会职业的工具。经营管理能力是一种人、财、物、时间、空间的合理组合、科学运筹和优化配置的心理能量的显示，是一种较高层次的创业能力。综合性能力，包括发现机会、把握机会、利用机会、创造机会的能力，收集信息、处理加工信息、综合利用信息的能力，适应变化、利用变化、驾驭变化的能力，非常规性的决策和用人的能力，交往、公关、社会活动能力等等，是一种社会环境和社会关系的综合开发和运筹的能力，是最高层次的创业能力。在创新创业意识与知识得以充分拥有的同时，创新创业能力才能得以提升，而其提升也相应地增强了创新创业过程的有效性。

（四）强化创新创业心理品质

创新创业心理品质包括六种因素：独立性、敢为性、坚韧性、克制性、适应性和合作性。独立性是对能够独立地思考、判断、选择、行动的心理品质的描述。敢为性是对敢于行动、敢冒风险、敢于拼搏，并勇于承担行为后果的心理品质的描述。坚韧性是对为达到某一目标而坚持不懈、不屈不挠、顽强努力的心理品质的描述。克制性是对自觉调节和控制自己的情绪和情感，善于克服盲目冲动和私利欲望的心理品质的描述。适应性是对能及时适应环境和条件变化，善于进行自我调查和角色转换的心理品质的描述。合作性是对善于认同别人，善于向他人学习，善于交往、合作、共事的心理品质的描述。这六种个性心理品质是从特定角度来反映意志和情感要素的。因此，抓住了意志和情感，也就抓住了创新创业个性心理品质的总体特征。良好的创新创业心理品质，可以使创新创业起到事半功倍的效果。

四、创新创业教育内容构建的依据

高校创新创业教育课程及内容是创新创业教育的重要组成部分，是实现创新创业教育教学目标的重要载体，是衡量高校创新创业教育成效的重要指标。深入研究和探明高校创新创业教育教学课程设置及内容构建，可以提高创新创业教育教学内容的科学性、合理性，特别是重点研究通过有效的课程设置，培养大学生的创新创业精神，增强大学生的创新创业意识，养成大学生的创业品格，提高大学生的创新创业素质，推动高校创新创业教育教学目标的有效实现，确保高校思想政治教育的实效性。所以，创新创业教育内容应该从培养创新创业意识、增加创新创业知识、提升创新创业能力、加强创新创业心理品质这几方面构建，着重突出创新创业意识培养，合理安排知识结构的构成，兼顾加强创新创业心理品质，从而充分提升学生创新创业能力，使创新创业教育行之有效。

第二节 组织形式及方法的有效性

一、创新创业教育组织形式的构建

辩证唯物主义告诉我们，内容决定形式，而形式反过来又作用于内容。教学组织形式和教学方法必然要以教学目标和内容为依据，而科学有效的教学组织形式和教学方法则能促进教学目标的形成。

第一是进行班级统一授课，规定一定阶段的大学生在特定的时期内有专门教师进行集体统一授课，并要求其完成课程目标，修够设置的学分。

第二是分层施教，对不同群体的大学生制订不同的学习计划和课程设置，并有针对性地进行特别指导，注重其能力的拔高与提升。

第三是开放式的教学，即在线进行创新创业教育，脱离传统的教学方式，忽略时间与地域的限制，学习者可以根据自己的爱好兴趣自主地去选择所要学习的内容，以期达到效果最优。

第四是成立大学生创新创业社团，在教师指导下进行实践操作，加强大学生的团队配合能力。

第五是建设企业孵化基地，为那些具有潜质的创新创业项目提供孵化，从而使大学生创新创业在最大程度上得以顺利实施。

二、创新创业教育方法有效性的含义

创新创业教育需要分层施教。

首先，是针对全体学生，旨在培养学生创新创业意识，激发学生创新创业热情，这是大学生进行创新创业实践的灵魂和支柱。

其次，是面向有创新创业意识，并愿意尝试的部分学生，旨在提高其技巧、技能，这是大学生进行创新创业实践的基础和保证。

再次，是针对具有强烈创新创业意向，或者已经开始实践的学生，旨在指导其顺利创业，这是大学生创新创业实践的助力和拔高。

随着教育的发展，"翻转课堂"这一方式逐渐被重视，渐渐由传统的教到学转变为学到教，即先学习再产生问题的流程，由学生先自主学习，发现问题后再互相交流或者向教师质疑问题，然后得到答案。这种问题导向型的方式利于学生更好地获得创新创业知识，更能提升学生的学习自主性、积极性和趣味性。当代大学生是具有独特个性心理特征的群体，又是普遍掌握信息技术的群体，网络创业已日益成为大学生创业的新途径。通过建设创新创业课程网站，提供网络创业、网络检索、网站管理、网页设计、网络营销等学习内容，开展自测训练，提供创业指导，搭建起自主学习、内外结合、寓教于乐、操作实践等创新创业教育平台，激发大学生的自主学习能力和创新创业能力，为他们的个性发展提供更大的空间。通过这些都能看出创新创业教育的有效性。

三、创新创业教育方法有效性的指导原则

（一）方向性原则

创新创业教育是从我国高等教育的现实状况和中长期教育发展目标出发，将创新教育与创业教育相结合而提出的，是高等教育的重要组成部分，必须坚持社会主义大学的办学方向，以立德树人为根本任务，培养一大批富于创新精神和实践能力的创新创业型人才。

创新创业教育必须适应建设创新型国家的重大战略和推进"大众创业、万众创新"的时代特点。

在教育实践中，要以教授创业知识为基础、以锻炼创业能力为关键、以培养创业精神为核心，注重鼓励和引导大学生走上自我发展之路，教会他们内化和运用知识进行创造性思考；帮助和引导他们认识自我、发展自我，在学习和实践中磨砺意志、锻炼精神，同时应注重引导学生认识社会、忠职敬业，帮助其在实践中更好地融入社会，承担应有的责任，使身心发展得以健全。

（二）广谱式原则

创新创业教育的理论研究和实践探索最早兴起于美国，相比之下，我国的创新创业教育起步较晚。正因如此，我国在推进创新创业教育发展的过程中，尤其强调对全新教育理念和模式的探索，以求创新创业教育实践与经济发展新常态的深度契合。近年来，国务院和教育部印发了一系列关于创新创业教育的纲领性文件，这些文件一致强调了"创新创业教育要面向全体学生，融入人才培养全过程"，从而为更好地开展大学生创新创业教育确立了"广谱式"的政策导向。

这一导向主张将创新创业教育纳入教学主渠道，贯穿人才培养全过程，着眼于创新创业教育的广泛性、普及性，矢志惠及每一个学生，着力增强和提高全体学生的创新意识、创业精神和创业能力，不啻为一场具有革命意义的教育改革。首先，它更加强调"实效"，充分借鉴素质教育的理念和专业教育的方法，冲破了把创新创业教育"狭化"为职业教育或"泛化"为素质教育的"极端"，强调为学生提供知识与技能、过程与方法、情感态度与价值观的三个维度的教育。其次，它更加注重"衔接"，推动大学生创新创业教育与大学生职业发展和就业指导的有机结合，进而实现"创新引领创业、创业带动就业"。

再次，它更加追求"贯通"，与全面实施素质教育一脉相承，深度契合了素质教育主体性、全体性、全面性和长效性的特征，延伸和拓展了素质教育实现人的全面发展的核心议题，是素质教育的具体化表现。

（三）协同性原则

创新创业教育是以培养大学生创新创业素质为总目标，通过开设相关课程和开展相关实践、模拟、体验教学环节，在与基础教育、专业教育和职业教育等有机融合的基础上形成的提高大学生综合素质、促进大学生全面发展的一种新型教育理念和模式。其不仅涉及学校内部的课程教学改革、实践活动开展、校园文化建设等诸多内容，而且涉及国家政策、社会环境、企事业单位等多个主体的配合，必须建立科学协调机制，充分考虑多主体、多因素的协同运作，凝成合力推动这项工作的和谐共赢。

推动校地协同。加强高校与地方企业行业的交流合作，拓展双方在智力资源开发、实践平台建设、人才师资流动等方面的合作空间，互取所有、互补所缺，协作共赢。推动校校协同。大力拓展不同地域、不同类型、不同层次高校之间的交流合作或对口支援，共享创新创业教育资源，推动校际的教师互聘、课程互修，鼓励大学生跨校建立创新创业团队。推动科教协同。实施高校创新能力提升计划、科教协同育人行动计划，动员和引导各层次学生参与科研，及时将科研成果转化为创新创业教育的内容，不断构建科研反哺创新创业教育的长效机制。

（四）特色化原则

立足办学定位，凝练学校特色。20世纪中后期以来，全球工业化进程加快，知识经济时代到来，产业界对知识创新、技术转移的需求日益迫切，大学应时而动，积极谋求变革与发展。当前，几乎每一所大学都有了自己的办学方向、定位和特色。创新创业教育应以此为基础，并在发展中不断熔铸"创业型"特色，使学校在延续专注教学与研究的传统使命的同时，深化和拓展大学功能，对经济社会发展做出贡献。

立足因材施教，凝练层次特色。大学毕业生能否做到创意创新、真正创业，是自身禀赋和自主选择的结果，其前提是针对他们的创新创业教育是否真正做到了"分层次"和"差异化"。从这个意义上说，创新创业教育既需要从整体上进行顶层设计，更需要分层次、分阶段、分群体具体推进。同样是创新创业教育，面对文科和理科两类专业特点迥异、思维方式悬殊的大学生，教育和引导的方式必然不同。同时，创新创业教育还需准确掌握同一专业学生在不同学历层次的阶段性发展特点，以动态视角开展与之相匹配的创新创业教育。

四、有效的创新创业教育方法

高校创新创业教育方法有大学生创新创业课程讲授、创新创业竞赛活动、创新创业讲座、创新创业社团、创新创业基地、创新创业专项基金扶持等。

（一）创新创业课程讲授

首先是课程体系规范化讲授，即结合高校的实际，把通识类创业课程和专业化创业课程结合，采取分层次设置，满足不同学生的需求。

其次是开放式课程讲授，即理论联系实践，在学习理论知识的同时有效地加强模拟训练和实践操作，同时引进在线教育模式，使大学生学习的选择范围更广。

再次是延伸课程的讲授，把学校与企业结合起来，实现产学研一体化。

（二）创新创业竞赛活动

积极开展创新创业竞赛活动，展示大学生的创新创业实力和成果，形成品牌的创新创业实践活动，如全国大学生"挑战杯"、创业计划大赛等，选拔优秀作品参加全校、全省、全国的比赛。在各项赛事中大学生获得了宝贵的模拟创业经历，学习积累了创业知识，培养了创业能力，锻炼了团队精神、沟通交流和组织管理能力，提高了分析和研究能力。

（三）创新创业讲座

定期开展"创业课堂""创业论坛"等创新创业的主题活动。邀请成功的创新创业校友回母校做讲座，邀请著名企业家讲授创新创业知识和经验，通过专题讲座开展创新创业知识和创新创业案例教育，特别是成功创新创业者的方法、创新创业过程、创新创业精神和创新创业规律等教育，启发学生的创新创业思路，拓宽学生的创新创业视野。

（四）创新创业社团

学校以创新创业社团、大学生创新创业指导中心等组织机构为平台，有针对性地开展"心理训练""创业研讨"和"创业模拟"等活动，锤炼创新创业者的心理品质，鼓励学生建立形式多样的创新创业团队，激发大学生的创新创业兴趣，增强大学生的创新创业意识，提高大学生的创新创业人格特质，包括意志力、创新力、坚韧性、责任心、诚实守信、冒险、挫折承受力等因素。

（五）创新创业基地

以科研训练项目为载体，吸收学生参加教师主持的科研课题研究。高校也可以根据学生创新创业项目的需要和特点构建孵化小企业的大学生创业园，让有创业计划和能力的学生在创业园创办小企业。这可以让学生在实践中体验到创业的艰辛和快乐，总结成功的经验和失败的教训，磨炼意志、毅力，培养开拓精神，积累经营管理的经验。

（六）创新创业专项基金

创新创业的开展离不开必要的保障，而专项基金的建立可以保证创新创业能够顺利进行。在符合国家和高校相关政策和要求的情况下，给予那些具有市场潜力、有前景的项目资金支持，不但让创业者个人实现梦想，同时也促进了创新创业教育的开展。

参考文献

[1] 谢婷. 大学生创新创业教育法律意识浅析 [J]. 现代阅读（教育版），2013.

[2] 辛显荣，王芳. 探索大学生创新创业能力的培养 [J]. 中国校外教育，2013.

[3] 朱全飞. 高职大学生创新创业教育现状探究 [J]. 电子测试，2013.

[4] 宋友德. 开放教育大学生创新创业教育路径研究 [J]. 科技创新导报，2016.

[5] 张五钢. 马克思主义理论教育与大学生创新创业研究 [J]. 河南广播电视大学学报，2016.

[6] 李长熙，张伟伟，李建楠. 工科院校大学生创新创业教育平台构建与实践 [J]. 黑龙江高教研究，2014.

[7] 邓淇中，周志强. 大学生创新创业教育体系的问题与对策 [J]. 创新与创业教育，2014，01：33-35.

[8] 钱小明，荣华伟，钱静珠. 基于导师制下"大学生创新创业训练计划"教育的实践与思考 [J]. 实验技术与管理，2014.

[9] 陈晶晶，何云峰，马瑞燕. 农科高校大学生创新创业能力培养的实践与反思 [J]. 中国成人教育，2014.

[10] 董云飞，郑丽波. 培养大学生创新创业能力的策略思考 [J].

黑龙江社会科学，2014．

[11] 王东明，刘姬冰．大学生创新创业教育存在的问题与对策研究 [J]．河北软件职业技术学院学报，2014．

[12] 陈昊．在线教育背景下大学生创新创业教育有效性研究 [D]．重庆交通大学，2014．

[13] 杨艳，艾志强，沈元军．刍议高校大学生创新创业基地建设 [J]．辽宁工业大学学报（社会科学版），2013．

[14] 罗剑宏，谭子君．云端互动：国内高校大学生创新创业模式 [J]．高校教育管理，2013．

[15] 王琼，盛德策，陈雪梅．项目驱动下的大学生创新创业教育 [J]．实验技术与管理，2013．

[16] 洪坚．浙江省大学生创新创业支持系统的调查与思考 [J]．浙江社会科学，2013．

[17] 李辉．内涵发展视界下的大学生创新创业教育路向 [J]．高教探索，2013．

[18] 李浩然．探索大学生创新创业教育新路径——以燕山大学大学生创新创业教育实践为例 [J]．人民论坛，2013．

[19] 朱瑞峰．大学生创新创业发展中的政府作用分析 [D]．华南理工大学，2015．

[20] 程宝华．应用型本科院校大学生创新创业教育研究 [D]．山东师范大学，2015．

[21] 唐根丽，王艳波．大学生创新创业能力培育路径研究 [J]．四川理工学院学报（社会科学版），2011．

[22] 苏晓晋，武珺，曹瑛．大学生创新创业能力现状及培养途径 [J]．中国高校科技，2011．

[23] 刘红喜. 大学生创新创业能力培养体系构建策略研究 [J]. 吉林工程技术师范学院学报, 2014.

[24] 王冀宁, 周雪. 大学生创新创业路径演化研究 [J]. 南京工业大学学报（社会科学版）, 2015.

[25] 吕爽, 罗二敏, 王樱琳. 校企合作助力大学生创新创业——创新创业能力培养新模式 [J]. 中国市场, 2015.

[26] 李国辉. 思想政治教育对大学生创新创业教育的影响 [J]. 经济研究导刊, 2015.

[27] 李亚员. 大学生创新创业教育的目标、原则及路径优化 [J]. 思想理论教育, 2015.

[28] 吴远征, 李璐璐, 董玉婷. 大学生创新创业的综述——研究、政策与发展 [J]. 中国林业教育, 2015.

[29] 尚大军. 大学生创新创业教育的课程体系构建 [J]. 教育探索, 2015.

[30] 刘广. 大学生创新创业支撑体系建设研究 [J]. 科技进步与对策, 2015.

[31] 张昆. 大学生创新创业能力培育探讨 [J]. 思想理论教育导刊, 2015.

[32] 刘志华. 关于促进支持大学生创新创业的建议 [J]. 中国高新区, 2015.

[33] 蒋正喜. 辅导员如何开展好大学生创新创业教育工作的思考 [J]. 统计与管理, 2016.

[34] 张巧. 大学生创新创业教育的实施策略 [J]. 江苏高教, 2016.

[35] 居占杰, 刘洛彤. 创新创业教育背景下大学生创新能力培养

问题研究——基于 G 大学经济学专业本科生调查的分析 [J]. 湖南师范大学教育科学学报，2016．

[36] 赵丽，陈曦．大学生创新创业教育体系研究 [J]．当代教育理论与实践，2016．

[37] 张秀娥，马天女．国外促进大学生创新创业的做法及启示 [J]．经济纵横，2016．

[38] 黄慧子．大学生创新创业激励机制研究 [D]．安徽大学，2014．

[39] 陈玉娟．大学生创新创业教育研究 [D]．河北师范大学，2013．

[40] 曾雅丽．农科大学生创新创业能力培养机制研究 [J]．湖北农业科学，2012．

[41] 郭莉，王菡，王栩楠．探索"大学生创新创业训练计划"的管理模式 [J]．现代教育技术，2012．

[42] 刘兆平．工科大学生创新创业教育实施对策思考 [J]．中国电力教育，2012．

[43] 刘铸，刘万芳，张庆祝．大学生创新创业教育和指导服务体系建设研究——以辽宁为例 [J]．中国大学生就业，2012．

[44] 李占平，王宪明，赵永新．高校大学生创新创业教育新模式——云创业平台模式研究 [J]．国家教育行政学院学报，2012．

[45] 呼艳芳．提高民办高校大学生创新创业能力水平的对策分析 [J]．南昌高专学报，2010．

[46] 张玉敏，郑琳娜，孙静，于涛．高校大学生创新创业教育研究 [J]．知识经济，2010．

[47] 曹剑辉，周合兵，罗一帆．大学生创新创业教育模式 [J]．实

验室研究与探索，2010.

[48] 黄林楠，丁莉. 构建大学生创新创业教育模式的探索 [J]. 高等工程教育研究，2010.

[49] 施庆晖. 新形势下大学生创新创业教育分析 [J]. 传奇.传记文学选刊（理论研究），2010.

[50] 许德涛. 大学生创新创业教育研究 [D]. 山东大学，2013.

[51] 刘巍伟. 大学生创业教育在温州高校的实践、创新与展望 [D]. 温州大学，2011.

[52] 张丹霞. 高职大学生创新创业与就业心理研究 [D]. 昆明医科大学，2012.

[53] 杜洁. 基于TRIZ理论的大学生创新创业能力影响要素研究 [D]. 西安科技大学，2014.

[54] 阮俊华，陈璞，郑博文，王承超. 培养大学生创新创业与实践能力的新途径——以浙江大学"求是强鹰实践成长计划"为例 [J]. 中国青年政治学院学报，2011.

[55] 张臣，周合兵，罗一帆. 大学生创新创业一体化实践平台的构建 [J]. 实验室研究与探索，2013.

[56] 史凤贤. 基于职业生涯规划提高大学生创新创业能力 [J]. 辽宁科技学院学报，2013.

[57] 孙千惠. 严峻就业形势下我国大学生创业创新能力培养研究 [D]. 南京大学，2011.

[58] 施成. 高职高专院校大学生创业实践研究 [D]. 广西师范大学，2016.

[59] 刘扬. 政府助推大学生创业创新研究 [D]. 中央民族大学，2016.

[60] 黎洁莺. 高职院校大学生创新创业活动管理研究 [D]. 武汉工程大学, 2015.

[61] 刘军. 我国大学生创业政策体系研究 [D]. 山东大学, 2015.

[62] 宋之帅. 工科高校创新创业教育模式研究 [D]. 合肥工业大学, 2014.